STORIA E STORIE

HABEMUS PAPAM

Yves Chiron

STORIA E STORIE

SEGRETI E MISTERI DEI DIECI CONCLAVI CHE HANNO FATTO LA STORIA

GIUNTI

Titolo originale: *Les dix conclaves qui ont marqué l'histoire*

Traduzione: Ondina Chirizzi
Consulenza per l'edizione italiana: Studio Newt, Firenze

www.giunti.it

Via Bolognese 165 – 50139 Firenze – Italia
Via G.B. Pirelli 30 – 20124 Milano – Italia
Prima edizione: maggio 2025

Giunti Editore si impegna per uno sviluppo sostenibile con l'utilizzo di carta certificata FSC® proveniente da fonti gestite in maniera responsabile.

FSC www.fsc.org MISTO Carta | A sostegno della gestione forestale responsabile FSC® C115118

Stampato presso Elcograf S.p.A. – Stabilimento di Cles

SOMMARIO

INTRODUZIONE

Dal punto di vista del diritto costituzionale il papato è la più antica monarchia elettiva al mondo. Nel linguaggio teologico il papa è «vescovo di Roma» e «vicario di Cristo», «successore di Pietro» e, a quel titolo, capo della Chiesa, «il principio perpetuo e visibile e il fondamento dell'unità».[1] A oggi si sono succeduti duecentosessantasei papi, eletti nei primi secoli dai fedeli e dal clero di Roma, in seguito solamente dai cardinali. Dal XIII secolo la riunione di questi prelati è stata codificata nella forma del conclave (letteralmente "chiuso a chiave"), che ha conferito all'elezione del pontefice la sua particolare fisionomia.

Senza riproporre una storia generale dei conclavi,[2] abbiamo scelto di metterne in evidenza dieci che per motivi diversi hanno segnato la storia della Chiesa. Sebbene le regole generali dell'elezione pontificia siano rimaste pressoché immutate da oltre un millennio, richiedendo tra l'altro due terzi dei voti per l'elezione e il confinamento degli elettori in un unico luogo isolato dal resto del mondo, le modalità di elezione sono state diverse.

Come vedremo, oltre alla forma ordinaria chiamata *per scrutinio*, per diversi secoli sono esistite anche l'elezione *per compromesso* e quella *per ispirazione* o *acclamazione*, che implicavano entrambe l'accordo preventivo su un nome e andavano confermate poi con uno scrutinio. Va notato invece che il metodo di designazione per

[1] Costituzione dogmatica *Lumen Gentium* (1965), § 23.

[2] Si veda Yves Chiron, *Histoire des conclaves*, Perrin, Paris 2013.

sorteggio, usato dagli apostoli per nominare il successore di Giuda,[3] non è mai stato utilizzato nelle elezioni pontificie.

Le circostanze storiche sono state le più diverse e hanno portato a risultati talvolta sorprendenti. Per esempio, al termine del conclave più lungo della storia, durato dal 1268 al 1271, un chierico che non era né cardinale, né vescovo e nemmeno sacerdote divenne papa Gregorio X. Nella Roma del Rinascimento il cardinale Rodrigo Borgia, che aveva già avuto diversi figli illegittimi e che ne avrebbe avuti altri durante il pontificato, divenne Alessandro VI. Durante i moti rivoluzionari europei, Pio VII fu eletto da un conclave che si tenne in esilio a Venezia (1799-1800) e Gregorio XVI venne designato a Roma (1830-1831) mentre una cospirazione cercava di assumere il controllo dei cardinali. Più di recente, nel 2013, l'elezione di papa Francesco (Jorge Mario Bergoglio) si è rivelata inedita per diversi aspetti, dal momento che l'eletto è stato il primo pontefice gesuita, sud-americano e proveniente da un Paese in via di sviluppo.

Al di là degli aneddoti, i dieci conclavi qui presentati coprono diversi secoli e mostrano come la Chiesa, nella designazione del proprio capo, abbia dovuto confrontarsi con problematiche legate al periodo, cambiamenti epocali e situazioni alquanto inconsuete. Per ognuna di queste assemblee, le fonti dirette più o meno numerose come documenti d'archivio, diari, relazioni e corrispondenze sono preziose per ricostruire con la maggiore accuratezza possibile la realtà e il contesto storico di elezioni pontificie a volte sorprendenti. Queste ultime si sono sempre svolte, nel corso della storia, tenendo conto di tre fattori: le leggi e le norme che disciplinano l'elezione, il cerimoniale che la rende un atto liturgico compiuto con l'ispirazione dello Spirito Santo e la scelta umana da effettuare. I cardinali non votano per un candidato dichiarato che ha presentato un programma, ma per la personalità che, al di là delle qualità personali, sembra loro la più adatta a guidare la Chiesa nelle circostanze presenti.

Inoltre, nel corso del tempo, il corpo elettorale incaricato di designare il nuovo capo della Chiesa è cambiato in maniera considerevole,

[3] *Atti degli Apostoli*, 1, 15-26.

sia per quanto riguarda l'effettivo, sia per la provenienza geografica delle persone che lo costituiscono. Per secoli il Sacro Collegio è stato composto solamente da una ventina o trentina di membri, con la tentazione per i papi di creare nuovi cardinali per motivi più o meno validi: rafforzare la propria posizione, favorire la famiglia, compiacere i sovrani, onorare meriti eccezionali o rispondere a nuove necessità della Chiesa. Così, nel 1586, papa Sisto V fissò il numero massimo di cardinali a settanta, un numero simbolico che si rifaceva ai settanta discepoli seguaci di Gesù. Questa soglia non è stata superata per centinaia d'anni finché Giovanni XXIII, in occasione del primo concistoro che tenne il 15 dicembre 1958, creò in un sol colpo ventitré cardinali, diventando in questo modo il primo papa a oltrepassare il limite istituito da Sisto V. Durante il suo pontificato il Sacro Collegio arrivò a contare fino a novanta membri. Il successore Paolo VI aumentò ulteriormente il numero dei cardinali, introducendo però una distinzione che suscitò grandi controversie. Con il *motu proprio Ingravescentem Aetatem,* promulgato nel 1970, stabilì che raggiunti gli ottanta anni di età i cardinali avrebbero «perso il diritto di eleggere il Romano Pontefice e quindi anche quello di entrare in conclave». Questi ultimi avrebbero tuttavia mantenuto il diritto di partecipare alle congregazioni generali dei cardinali precedenti l'ingresso in conclave. Da allora esistono due categorie di cardinali: gli elettori e i non elettori. Inoltre nella costituzione apostolica *Romano Pontifici Eligendo*, redatta nel 1975 e dedicata alla vacanza della Santa Sede e all'elezione pontificia, Paolo VI ha dichiarato che «il numero massimo dei cardinali elettori non dovrà superare i centoventi», senza però limitare quello dei non elettori.

Il limite di centoventi cardinali elettori indicato da Paolo VI è stato superato più volte, e il numero dei non elettori ha continuato a crescere. In questo modo il conclave del 1963 che elesse Paolo VI contava ottanta cardinali, l'assemblea che nel 1978 nominò Giovanni Paolo II centoundici e quella che nel 2013 sancì l'arrivo di Francesco centoquindici. Nell'aprile 2025 il numero totale dei cardinali era di 252, di cui 137 con il diritto di prendere parte alla successiva elezione pontificia.

Il prossimo conclave, inoltre, riunirà prelati di tutte le provenienze geografiche, con un multiculturalismo che evidenzia la globalizzazione della Chiesa e l'internazionalizzazione del Sacro Collegio. Nel 2013 l'elezione dell'argentino Bergoglio aveva già dimostrato che i cardinali erano pronti a cercare un papa nelle "periferie". Non è detto che il prossimo conclave compia di nuovo una scelta decentrata. In effetti diverse considerazioni potrebbero spingere i cardinali verso un "ritorno al centro" (a livello geografico quanto dottrinale).

Il conclave, pur con centoventi o centotrenta partecipanti, rimane in ogni caso un'assemblea elettiva unica nel suo genere, il cui funzionamento rigidamente codificato non impedisce meccanismi sottili. Inoltre continua a svolgersi in un'atmosfera particolare in cui l'aspetto spirituale si intreccia con le ambizioni o addirittura con le manovre dei suoi membri. Tuttavia la storia ci mostra che l'esito di questi eventi cruciali smentisce spesso i pronostici.

1 · GREGORIO X E IL CONCLAVE PIÙ LUNGO DELLA STORIA (1268-1271)

La parola "conclave", che indica il luogo e il momento in cui viene eletto il nuovo papa, è comparsa per la prima volta in un testo legislativo ecclesiastico solamente nel 1274. Le regole stabilite in quella data riprendevano la maggior parte delle disposizioni in vigore a quel tempo e ne introducevano di nuove, seguite ancora oggi. Ricordiamo alcune tappe fondamentali della procedura sviluppata progressivamente fino al XIII secolo:[1]

- Con il canone 23 il concilio di Antiochia (341) sanciva che un vescovo, «anche alla fine della sua vita», non poteva né designare né consacrare il proprio successore.[2] La nomina doveva avere l'approvazione degli altri vescovi. Il divieto valeva anche per il vescovo di Roma (il papa).
- La costituzione *Si quis*, adottata nel 499 nel concilio riunito nella basilica di San Pietro a Roma, stipula che i sacerdoti, i diaconi e i chierici che eleggono il papa non possono accordarsi o fare promesse di voto prima della morte del precedente.

[1] Ivan Grigis, *La Costituzione Apostolica Universi Dominici Gregis*, Pontificia Università Lateranense, Roma 2004, pp. 41-54.

[2] Karl Joseph von Hefele, *Histoire des conciles*, Letouzey, Paris, t. I, vol. 2, p. 721. Si veda anche Christopher W. B. Stephens, *Canon Law and Episcopal Authority. The Canons of Antioch and Serdica*, Oxford University Press, Oxford 2015, pp. 79, 125 e 245.

- Nel sinodo riunito in Laterano nel 769 viene stabilito che solamente il clero di Roma può eleggere il papa, escludendo qualunque laico a prescindere dal rango.
- Niccolò II, con il decreto *In nomine Domini* promulgato nel 1059, riserva l'elezione del papa ai soli cardinali-vescovi.
- La costituzione *Licet de vitanda*, promulgata da papa Alessandro III e inclusa nel terzo Concilio Lateranense del 1179, estende il diritto di voto a tutti i cardinali (diaconi, sacerdoti e vescovi). Codifica anche la regola, a oggi immutata, secondo cui sono necessari due terzi dei voti per l'elezione.

Bisogna aggiungere che fin dalle origini qualunque chierico poteva essere eletto vescovo di Roma, anche se non ancora ordinato sacerdote, e che questa tradizione è stata perpetuata. Diversi papi hanno così ricevuto il titolo senza essere né cardinali né vescovi. In questi casi venivano ordinati sacerdoti e consacrati vescovi prima di essere incoronati come sovrani pontifici.

È interessante notare che nel primo millennio di storia della Chiesa la procedura per eleggere i papi è evoluta nel tempo in maniera generalmente cumulativa, cercando allo stesso tempo di rimuovere gli ostacoli alla libertà di voto. L'ingerenza dei poteri civili nell'elezione del sovrano pontificio è stata una tentazione costante. Nel IX secolo, per esempio, sotto i carolingi, l'elezione papale era considerata effettiva solo dopo la ratifica dell'imperatore e fu così per Leone IV, Benedetto III, Niccolò I, Adriano II e Giovanni VIII. La Chiesa si è sottratta gradualmente a questo vincolo. Nel 1059 papa Niccolò II ha abolito il *Privilegium Ottonianum*, ossia il privilegio accordato nel 962 da papa Giovanni XII all'imperatore Ottone I, secondo cui l'elezione del pontefice doveva svolgersi in presenza di rappresentanti dell'imperatore prima di ottenere la sua approvazione.

DIVERSI PALAZZI PAPALI

Inoltre, a differenza di quanto si potrebbe credere, il luogo dell'elezione del papa è cambiato molte volte a seconda delle epoche. Nei primi secoli si svolgeva a Roma, dal momento che il Santo Padre era il vescovo della città. A partire dall'VIII secolo si costituì quello che sarebbe stato chiamato dapprima "Patrimonio di San Pietro" e in seguito "Stato Pontificio". Ci fu prima di tutto l'«assunzione di un'autorità pubblica effettiva ed esclusiva sulla città di Roma e i suoi dintorni»,[3] una zona che corrispondeva più o meno all'attuale Lazio. In seguito le donazioni fatte da Pipino (754) e più tardi da Carlo Magno (774) ampliarono in maniera considerevole la sovranità temporale dei papi in Umbria, Toscana e Romagna. l'estensione dei possedimenti pontifici permise di avere diversi luoghi di residenza. Così, nel XIII secolo, il papa era solito lasciare Roma nei mesi estivi per cercare un'aria più fresca al nord, a Viterbo, Anagni, Orvieto, Perugia, Tivoli o Ferentino.

In altre occasioni la sua partenza era dovuta a disordini politici che si prolungavano nella Città Eterna o a un conflitto con un sovrano che la invadeva o minacciava di invaderla. Per esempio, nel 1244, Innocenzo IV dovette scappare da Roma a causa della minaccia dell'imperatore tedesco Federico II. L'allontanamento dalla città implicava il trasferimento della Curia romana e un'«imponente organizzazione logistica» che coinvolgeva diverse centinaia di persone: «I membri della *familia* del papa (circa duecento), i cardinali e i loro seguiti, i procuratori, i *mercatores Curiae*, gli *scriptores* della cancelleria, i vescovi in visita *ad limina*, i prelati presenti in Curia per risolvere problemi giudiziari, i pellegrini e così via».[4]

Per via delle lunghe assenze dei papi da Roma (circa quarant'anni in totale nel XIII secolo), la maggior parte di loro è morta lontana dalla Città Eterna e l'elezione dei loro successori si è svolta altrove.

Passando in rassegna le diciassette elezioni pontificie tenutesi durante quel secolo, si può constatare che cinque si sono svolte a Viterbo, quattro a Perugia, quattro a Roma, due a Napoli, una ad Arezzo e una ad Anagni.

[3] Olivier Guyotjeannin, «États pontificaux», in *Dictionnaire historique de la papauté*, Fayard, Paris 2003, p. 625; citato d'ora in avanti come *DHP*.

[4] Agostino Paravicini Bagliani, «Résidences pontificales», in *DHP*, cit., p. 1453.

LA «RECLUSIONE DI VITERBO»

La difficile e tumultuosa elezione papale che si aprì nel dicembre 1268 dopo la morte di Clemente IV è a oggi il più lungo conclave della storia, termine che fece la sua comparsa in un documento dell'epoca.

Clemente IV (il francese Gui Foucois) morì il 29 novembre 1268 a Viterbo, a circa ottanta chilometri a nord di Roma. Aveva avuto una carriera fuori dall'ordinario.

Figlio di un giudice-cancelliere del conte di Tolosa, aveva compiuto studi di diritto a Parigi prima di tornare a esercitare come giureconsulto presso la vicaria di Uzès. Si era sposato, aveva avuto due figli e una brillante carriera al servizio di diversi principi (Raimondo VII e Alfonso di Poitiers) e poi del re Luigi IX. Dopo essere rimasto vedovo, verso i cinquant'anni abbracciò lo stato ecclesiastico. Venne successivamente ordinato sacerdote, nominato vescovo di Le Puy, arcivescovo di Narbona e infine creato cardinale nel 1261. Il suo breve pontificato, di tre anni e nove mesi, fu segnato da decisioni importanti, tra cui la costituzione *Licet ecclesiarum* (1265), secondo cui al papa spettava il diritto di disporre di tutti i benefici, uffici e dignità ecclesiastiche vacanti. Subito dopo la sua morte se ne sviluppò il culto, di cui è conservato il ricordo nella cronaca del convento dominicano di Viterbo dove fu sepolto: «Frotte di gente spinte dalla convinzione della sua santità e dai suoi miracoli si assemblarono intorno al cadavere per vederlo, toccarlo e baciarlo».[5]

Alla sua scomparsa, nel 1268, i cardinali si riunirono per eleggere un successore. Ci vollero quasi tre anni per trovare un accordo. La Santa Sede rimase vacante per il periodo più lungo della sua storia.

Secondo una tradizione storiografica ripresa ancora di recente in alcune opere, dato che dopo molti mesi di discussioni e votazioni i cardinali non erano ancora riusciti a eleggere un nuovo papa, le autorità di Viterbo li avrebbero chiusi nel palazzo episcopale della città, murando tutti gli ingressi (e facendo addirittura rimuovere il tetto dell'edificio) per incoraggiare gli elettori a mettersi rapidamente d'accordo. Le autorità avrebbero poi messo i prelati a pane

[5] Citato da Agostino Paravicini Bagliani, *Il corpo del papa*, Einaudi, Torino 1994.

e acqua fino al termine dell'elezione. Tutto ciò è un'esagerazione, anche se il primo conclave assomigliò davvero per certi aspetti a una reclusione forzata.

Già in passato i cardinali si erano a più riprese volontariamente isolati (o vi erano stati costretti) per sottrarsi alle pressioni esterne e velocizzare l'elezione: nel 1118 si erano riuniti in segreto nel monastero di Santa Maria in Pallara (oggi San Sebastiano al Palatino) a Roma; nel 1145 si erano incontrati nel monastero di San Cesareo a Roma; nel 1198 si erano rifugiati nel *Septizonium*, un grande edificio costruito nel III secolo dall'imperatore Settimio Severo e divenuto la residenza fortificata della famiglia Frangipani; nel 1216 le autorità di Perugia li avevano "chiusi" nel palazzo papale della città; nel 1227 si erano ancora una volta ritirati volontariamente a Roma nel *Septizonium*; nel 1241 il senatore Matteo Orsini li aveva nuovamente costretti a risiedervi; nel 1254, a Napoli, il podestà aveva vietato ai cardinali di lasciare la città per rientrare a Roma e l'elezione si era svolta nel palazzo di Pier della Vigna, che era stato cancelliere dell'imperatore Federico II; nel 1261, a Viterbo, i cardinali si erano ritirati nel palazzo episcopale per procedere all'elezione (la Sede apostolica era ormai vacante da tre mesi e cinque giorni). Tutti questi episodi di reclusione volontaria o forzata possono essere visti come dei proto-conclavi, vale a dire dei precedenti di quella modalità elettiva le cui regole saranno fissate da Gregorio X. L'isolamento era però durato, ogni volta, pochi giorni o settimane. A Viterbo, a partire dal 1268, fu invece molto più lungo e drammatico.

Un documento ritrovato nel 1970, un registro notarile, consente di ricostruire l'episodio in maniera relativamente esatta.[6] Mostra che fu più complesso di quanto non racconti la tradizione e che le condizioni di vita dei cardinali furono invece meno severe di quanto tramandato dalla leggenda. Secondo il registro, nei primi

6 Norbert Kamp, «Una fonte poco nota sul Conclave del 1268-1271: i protocolli del notaio Basso, della Camera apostolica», in *VII centenario del 1° conclave (1268-1271). Atti del convegno*, Viterbo 1975, pp. 63-68, e Antonino Franchi, *Il Conclave di Viterbo (1268-1271) e le sue origini. Saggio con documenti inediti*, Edizioni Porziuncola, Assisi 1993.

giorni del dicembre 1268 i cardinali si erano riuniti per eleggere un nuovo papa. Contrariamente a quanto è stato ripetuto e talvolta si legge ancora oggi, la reclusione (*clausura*) nel palazzo episcopale di Viterbo non venne imposta ai prelati dalle autorità civili cittadine. Si tenne in base a un accordo (*pacta inita*) negoziato e concluso tra il podestà della città Corrado di Alviano, il capitano del popolo Raniero Gatti (a capo della milizia municipale, con poteri da magistrato), i cardinali e la Curia pontificia. Prevedeva che l'elezione si svolgesse nella grande sala d'udienza di quello che oggi è chiamato il "palazzo dei papi", all'epoca di recente costruzione. Si trattava dell'antica residenza dei vescovi di Viterbo, che a partire dagli anni 1250 era stata considerevolmente ampliata e trasformata per diventare la residenza dei papi in città.[7] Fu convenuto che la sala delle udienze sarebbe stata sorvegliata per evitare intrusioni indesiderate e garantire la sicurezza dei cardinali. Secondo alcuni autori, la sorveglianza del palazzo venne affidata per tutta la durata dell'elezione a un certo Savelli. Il nome non compare nelle fonti dell'epoca, tuttavia è pur vero che la famiglia Savelli ha esercitato, di generazione in generazione, la carica di «Maresciallo di Santa Romana Chiesa, custode perpetuo del conclave» (per più di cinque secoli). Alla morte senza eredi di Giulio Savelli, nel 1712, la carica passò ad Augusto Chigi e la sua discendenza la esercitò fino al XX secolo.[8]

A inizio dicembre erano presenti diciannove dei venti cardinali del Sacro Collegio. Solamente uno, il francese Raoul Grosparmi, non poté partecipare all'elezione essendo stato inviato come legato a Parigi per prendere parte alla crociata indetta da re Luigi IX (san

[7] Gary M. Radke, *Viterbo. Profil of a Thirteenth Century Papal Palace*, Cambridge University Press, Cambridge 1996.

[8] Gaetano Moroni, *Dizionario di erudizione storico-ecclesiastica da S. Pietro ai nostri giorni*, t. XV, 1842, p. 290 e t. XLII, 1847, pp. 271-291; Niccolò Del Re, «Maresciallo di Santa Romana Chiesa Custode del Conclave», in Niccolò Del Re (a cura di), *Mondo Vaticano. Passato e presente*, Libreria Editrice Vaticana, Città del Vaticano 1995, pp. 684-685; C. Semeraro, «Maréchal de la Sainte Église romaine, gardien du conclave», in Bernard Ardura (sotto la direzione di), *Dictionnaire d'histoire de l'Église*, Cerf, Paris 2022, pp. 534-535.

Luigi). Di questi diciannove cardinali, dodici erano italiani, cinque francesi, uno ungherese e uno inglese.[9] I cinque francesi erano Eudes de Châteauroux, Simon de Brion, Guillaume de Bray, Ancher Pantaléon e Guy de Bourgogne.

Il primo, decano del Sacro Collegio, ebbe un ruolo fondamentale nel conclave. Era stato uno degli uomini di fiducia dei due papi precedenti (Urbano IV e Clemente IV), che gli avevano affidato missioni di arbitrato: aveva accompagnato Luigi IX nella settima crociata e Carlo I d'Angiò nella conquista del regno di Napoli. Eudes de Châteauroux, da parte sua, fu uno dei più prolifici predicatori del XIII secolo (sono stati conservati circa millecento suoi sermoni)[10] e durante quel lungo conclave, come vedremo, pronunciò diversi sermoni importanti.

I cardinali riuniti nel palazzo episcopale di Viterbo erano divisi. Le ambizioni personali degli uni e degli altri, oltreché la difesa degli interessi propri o delle rispettive famiglie, impedivano di trovare un accordo in tempi brevi. Erano in disaccordo anche su questioni temporali: alcuni appoggiavano Carlo I d'Angiò, che voleva ristabilire la sua autorità sul Regno delle Due Sicilie e governare la Toscana, mentre altri si opponevano a una politica troppo favorevole ai francesi. Si formarono così due fazioni: una al seguito del cardinale fiorentino Ottaviano Ubaldini, l'altra del cardinale Matteo Orsini.

Il primo scrutinio si svolse solo pochi giorni prima di Natale del 1268. Il cardinale Eudes de Châteauroux, che a settantotto anni non ambiva a essere eletto, fece un sermone prima dell'apertura. Richiamò i cardinali al dovere e li incitò a mettere a tacere le loro divergenze: «Siano uniti nella concordia coloro che hanno il compito di eleggere il papa, affinché non si senta tra di loro il rumore del

9 Andreas Fischer, *Kardinale im Konklave. Die lange Sedisvakanz der Jahre 1268 bis 1271*, Max Niemeyer Verlag, Tübingen 2008.

10 Alexis Charansonnet, «De Berry en Curie, la carrière du cardinal Eudes de Châteauroux (1190?-1273) et son reflet dans sa prédication», *Revue d'histoire de l'Église de France*, n. 216, 2000, pp. 5-37.

martello o della sega, ossia della discordia, perché dove c'è pace c'è il Signore».[11] Quest'esortazione non ebbe però gli effetti sperati...

Non sappiamo quanti scrutini ci furono in tutto durante il conclave, tanto più che i cardinali non votarono ogni giorno e pare che a volte passassero diverse settimane tra una votazione e l'altra. Fatto sta che, di mese in mese, i prelati sembravano sempre più inconciliabili e nessuno di loro sembrava in grado di raggiungere la maggioranza di due terzi. «Tra i cardinali vi era la massima discordia» osserverà un cronista degli Annali piacentini ghibellini.

Passò un anno senza che si fosse raggiunto alcun risultato. Un cardinale morì negli ultimi mesi del 1269, riducendo a diciotto il numero degli elettori. Per accelerare l'elezione di un nuovo papa, il podestà della città prese misure più rigide e vietò ai cardinali di uscire dal palazzo episcopale. Questi ultimi furono vittime anche di altre offese e di diverse violenze, esasperandosi al punto di scomunicare il podestà (che fu privato della carica nel novembre 1269). Non venne nominato immediatamente un successore e ci fu dapprima un semplice sostituto (*vicarius*). Il 3 gennaio 1270, il camerlengo e notaio apostolico Pierre de Montbrun rivolse a nome dei cardinali un monito al *vicarius*, affinché gli accordi firmati nel dicembre 1268 fossero rispettati. Il 1° marzo venne designato un nuovo podestà, Alberto di Montebuono. Il mese seguente assunse nuovi impegni per garantire la libertà dell'elezione e il rispetto della dignità dei cardinali.

CARDINALI SENZA TETTO

L'assemblea degli elettori proseguì e fu segnata da lunghi periodi di inattività. Le loro condizioni di vita si deteriorarono gradualmente. Un autore dopo l'altro ripete che vennero privati del cibo e messi a pane e acqua, ma è una leggenda. Solitamente veniva servito loro un cibo quantomeno soddisfacente (*cibaria saltim delicata*).

[11] Sermone di dicembre 1268, citato da Jacques-Guy Bougerol, «La papauté dans les sermons médiévaux français et italiens», in Chr. Ryan (a cura di), *The Religious Roles of the Papacy: Ideals and Realities, 1150-1300*, Pontifical Institute of Medieval Studies, Toronto 1989, p. 261.

Secondo un'altra leggenda che si è tramandata fino ai nostri giorni, per punirli della lentezza e affrettare l'elezione, le autorità della città avrebbero fatto rimuovere il tetto del palazzo, lasciando i cardinali a cielo aperto per diversi mesi a patire il caldo d'estate e il freddo d'inverno. Anche questa è un'esagerazione. A un certo punto, tra la fine del mese di maggio e i primi giorni di giugno 1270, gli abitanti di Viterbo, esasperati dalla durata del conclave, rimossero il tetto delle stanze dove alloggiavano i cardinali. Lo fecero di loro iniziativa e non per ordine delle autorità cittadine, sebbene si possa pensare che si avvalsero della complicità di alcune guardie incaricate di sorvegliare il palazzo episcopale. Le camere dei cardinali si ritrovarono così a cielo aperto, ma il resto del palazzo e in particolare la *grande aula* (oggi Aula del conclave) dove si tenevano le riunioni e in cui si rifugiarono rapidamente non venne toccato.

Quest'episodio spinse i cardinali a rivolgere una protesta solenne alle autorità di Viterbo nella forma di un *praeceptum* (comandamento). La bolla fu firmata dai diciotto cardinali e indirizzata al podestà Alberto di Montebuono e al *capitano del popolo* Raniero Gatti. Venne letta solennemente il 6 giugno 1270 nella cattedrale di Viterbo da due prelati, il camerlengo Pierre de Montbrun e il vice-cancelliere. I firmatari erano indignati per il rigore della propria reclusione e la parola *conclavi* (intesa nel senso di "stanze chiuse a chiave") fece la sua comparsa in quel documento. Chiedevano che tre cardinali malati potessero uscire dal palazzo per essere curati, che il tetto venisse riparato «in due o tre giorni» e di avere libero accesso a un *locum deputatum ad requista naturae* ("un luogo destinato ai bisogni naturali" degno di questo nome). Minacciavano di imporre l'interdetto ecclesiastico [sanzione che implica la sospensione parziale o totale delle attività liturgiche e sacramentali. È un provvedimento solo di poco inferiore alla scomunica, N.d.R.] sulla città se le loro richieste non fossero state soddisfatte. Il tetto fu riparato nei giorni successivi e i tre malati autorizzati a uscire. In seguito i cardinali rivolsero altre ammonizioni in forma canonica alle autorità della città. Il 20 giugno Alberto di Montebuono e Raniero Gatti misero per iscritto il giuramento di rispettare i mandati che gli erano stati affidati dagli elettori. Da quel momento non ci furono più incidenti di rilievo ma gli elettori rimasero divisi.

Il 9 luglio 1270 morì un altro cardinale, Stefano Vanesa. Il corpo elettorale fu così ridotto a diciassette cardinali che proseguirono concertazioni e voti. Va notato che il cardinale Eudes de Châteauroux tenne, durante il conclave, dei sermoni significativi sullo «stato temporaneamente vacante della Chiesa». Sviluppò anche una visione ecclesiologica che, essendo contraria all'esaltazione del papato, insisteva sulla funzione del papa come vicario di Cristo: «In senso stretto, Pietro non è né il capo, né il pastore, né il rettore, ma piuttosto il vicario del capo, il vicario del pastore, il vicario del rettore. Allo stesso modo, è il vicario dello sposo della Chiesa e non lo sposo».[12]

LA «VIA DEL COMPROMESSO»

La reclusione volontaria dei cardinali non era un isolamento assoluto, dal momento che nel marzo 1271 ricevettero in udienza il nuovo re di Francia, Filippo III, e Carlo I d'Angiò, poi in seguito Baldovino II, l'ex imperatore latino di Costantinopoli. È noto che questi ultimi li esortarono a compiere una scelta in tempi brevi. Durante il soggiorno di Filippo III a Viterbo si consumò un dramma: il 13 marzo 1271, Henri de Cornouailles (Enrico di Cornovaglia), nipote di re Enrico III d'Inghilterra, venne ucciso in una chiesa della città da Guy de Montfort. L'evento contribuì ad aumentare il disordine generale e ritardò ulteriormente la decisione degli elettori a causa delle sue implicazioni politiche.

Pochi mesi dopo, nell'agosto 1271, i cardinali ricevettero la visita del grande teologo Bonaventura da Bagnoregio, ministro generale dei francescani. In epoche diverse, pur essendo in disaccordo tra loro, alcuni cronisti o storici della città di Viterbo e certi biografi di Bonaventura (il fatto è stato ricordato anche in occasione del suo processo di canonizzazione) gli attribuirono degli interventi decisivi: secondo alcuni avrebbe consigliato alle autorità civili di adottare misure più rigide nei confronti dei cardinali; a detta di altri

[12] Sermone citato da Jacques-Guy Bougerol, *art. cit.*, pp. 255 e 263.

i cardinali gli avrebbero proposto di eleggerlo papa e lui avrebbe rifiutato; per altri ancora avrebbe suggerito di scegliere come papa Tebaldo Visconti, semplice chierico e virtuoso diplomatico al servizio della Santa Sede, da lui conosciuto quando era studente a Parigi. La critica contemporanea ritiene poco credibili tutte queste affermazioni.[13] D'altra parte è possibile che Bonaventura abbia consigliato ai cardinali di procedere *per compromissi viam* ("attraverso la via del compromesso"). Questa modalità elettiva non era nuova, ma fino ad allora era stata utilizzata di rado.

Furono designati tre cardinali per ognuno dei due partiti che si fronteggiavano: i capi delle due fazioni, Ottaviano Ubaldini e Giovanni Orsini, il francese Guy de Bourgogne, Riccardo Annibaldi, Simone Paltanieri e Giacomo Savelli. Avevano a disposizione solamente due giorni per mettersi d'accordo su di un nome.

Vi erano tre soluzioni possibili: i sei cardinali potevano convergere su uno di loro come papa, designare un altro membro del Sacro Collegio o compiere una scelta *extra Collegium*, ossia eleggere papa un chierico non appartenente al Sacro Collegio. Dopo diverse discussioni venne scelta l'ultima soluzione. Il 1° settembre 1271, dopo tre anni di conclave, Tebaldo Visconti, semplice arcidiacono che non era né cardinale, né vescovo e nemmeno sacerdote, fu designato all'unanimità dai sei prelati, con una decisione che venne in seguito approvata dai loro confratelli attraverso una votazione.

Visconti aveva sessant'anni. Era stato scelto per le qualità morali e anche per la sua lunga «esperienza politico-diplomatica».[14] Impegnato nello stato clericale fin da giovane, aveva compiuto studi di diritto, ottenendo forse un dottorato. In seguito era divenuto diacono, senza tuttavia voler accedere al sacerdozio. Nel 1240 era entrato al servizio del cardinale Jacopo da Pecorara, che sarebbe stato nominato a più riprese legato da Gregorio IX. Era stato quest'ultimo a fargli

[13] Antonino Franchi, «Analisi storiografica del ruolo di Bonaventura al Conclave di Viterbo», *Doctor Seraphicus*, n. 18, 1981, pp. 65-77.

[14] Ludovico Gatto, «Gregorio X, beato», in *Enciclopedia dei Papi*, Istituto della Enciclopedia italiana, Roma, t. I, pp. 411-422.

attribuire due benefici non trascurabili: a Lione come canonico e a Liegi come arcidiacono. Svolse poi, inoltre, importanti missioni al servizio di altri papi.

Quando i cardinali lo elessero come sovrano pontefice, si trovava in Terra Santa per sostenere l'ottava crociata a fianco del principe Edoardo, figlio di Enrico III d'Inghilterra. Alcuni emissari inviati ad annunciargli l'elezione lo raggiunsero a San Giovanni d'Acri. Prima di rientrare in Europa ebbe la possibilità di fermarsi a Gerusalemme per pregare nei Luoghi santi. Arrivò infine in Italia, al porto di Brindisi, il 1° gennaio 1272 e raggiunse Viterbo il 10 febbraio successivo. Ricevuto dal Collegio dei cardinali, accettò solennemente davanti a loro la carica di sommo pontefice. Scelse di assumere il nome di Gregorio X, in omaggio a Gregorio IX, il primo papa che aveva servito. Sottolineando l'intenzione di ripristinare la Città Eterna come capitale della cristianità, volle essere incoronato papa a Roma. Di ritorno sul posto il 13 marzo, venne ordinato sacerdote il 19, consacrato vescovo nella basilica di San Pietro il 27 e incoronato lo stesso giorno nella basilica di San Giovanni in Laterano.

LA COSTITUZIONE DI GREGORIO X (1274)

Sebbene non fosse stato presente all'interminabile conclave di Viterbo, Gregorio X aveva saputo delle sue vicissitudini dai cardinali e si era reso conto delle conseguenze negative provocate dalla vacanza troppo prolungata della Santa Sede. Decise così di promulgare una costituzione che, da una parte, avrebbe regolamentato rigorosamente le condizioni materiali della riunione dei cardinali e che, dall'altra, avrebbe consentito la rapida elezione di un nuovo papa. Per conferire maggiore autorità a questa , presentò il progetto insieme ad altri testi al concilio ecumenico da lui riunito a Lione.

Questo concilio venne preparato con metodo. Dal 13 aprile 1273, a prescindere dalle lettere di convocazione inviate ai patriarchi, arcivescovi, vescovi e altri prelati, Gregorio X chiese ad alcune personalità di condurre un'inchiesta sulle necessità della Chiesa e di redigere dei rapporti sugli abusi da correggere e le riforme da intraprendere. Sono noti i rapporti scritti dal francescano Gilbert de Tournai, dal ministro generale dei domenicani Humbert de Romans e dal vescovo di Olmütz, Bruno de Holstein-Schauenburg. Inoltre un altro francescano, Girolamo d'Ascoli, e uno dei più importanti teologi del tempo, il domenicano Tommaso d'Aquino, furono entrambi incaricati di esaminare le differenze dottrinali sussistenti con gli ortodossi. Tra le numerose riforme suggerite da Humbert de Romans vi era quella di apportare dei cambiamenti all'elezione del papa e di fissare un regolamento preciso per la riunione dei cardinali in vista dell'elezione.

Il concilio ecumenico, il quattordicesimo della storia della Chiesa, si aprì il 7 maggio 1274 nella cattedrale primaziale di Saint-Jean a Lione. Durò fino al 17 luglio. Le cronache parlano di cinquecento vescovi, sessanta abati e un migliaio di altri prelati e procuratori presenti. Si tratta però di cifre esagerate. In effetti erano presenti circa duecento vescovi provenienti da tutta la cristianità occidentale e quasi ottocento altri prelati (abati di monasteri e canoniche delegati dai capitoli delle cattedrali).[15]

Il 7 luglio il papa presentò ai cardinali riuniti in concistoro un progetto di costituzione sull'elezione pontificia. I cardinali, considerando le disposizioni troppo severe, si opposero e cercarono di coinvolgere i vescovi nel loro rifiuto. Gregorio X rispose convocando solamente i vescovi, divisi per "nazione", e presentando loro il suo progetto. Ne ottenne la ratifica: uno a uno apposero la propria firma al documento. Cercò anche di convincere i cardinali in incontri privati con ognuno di loro. Così il 16 luglio il testo fu approvato dal concilio riunito in congregazione generale. La costituzione andava a integrare i decreti di Niccolò II (1059) e Alessandro III (1179) sull'elezione pontificia. «Non abbiamo nessuna intenzione» diceva il testo «di cancellare alcunché, ma al contrario di aggiungere attraverso la presente costituzione ciò che l'esperienza ci ha insegnato essere mancante».[16]

15 Michel Mollat du Jourdin, «Le second concile de Lyon (1274)», in *Histoire du christianisme*, t. VI, Desclée/Fayard, Paris 1990, pp. 13-23 e Yves Chiron, *Histoire des conciles*, Perrin, Paris 2011, pp. 124-133.

16 Testo latino e traduzione francese in Giuseppe Alberigo (sotto la direzione di), *Les Conciles oecuméniques*, t. II, *Les Décrets*, Cerf, Paris 1994, pp. 654-663.

Diverse nuove prescrizioni erano volte a evitare che la Sede apostolica restasse vacante troppo a lungo. La prima era relativa alla data dell'elezione. Fino ad allora e da secoli, le spoglie del papa erano sepolte il giorno stesso del decesso o quello seguente e «per procedere all'elezione di un nuovo pontefice, bisognava aspettare che fossero passati tre giorni dalla morte».[17] La costituzione di Gregorio X allungava in maniera considerevole i tempi: i cardinali si sarebbero riuniti entro dieci giorni dalla morte del papa per eleggerne il successore. Ciò avrebbe permesso ai cardinali più lontani di ricevere la notizia della morte del papa e raggiungere il conclave in corso nella stessa città in cui era morto. Inoltre, al di là di questo termine di dieci giorni, i ritardatari avrebbero potuto essere ammessi al conclave alle stesse condizioni degli altri cardinali.

Il documento introduceva una seconda novità riguardo il luogo dell'elezione. I cardinali, diceva il testo, si sarebbero riuniti in un solo luogo e «avrebbero abitato tutti insieme, costretti nella stessa stanza (*unum conclave*) senza essere separati da una partizione o da una tenda». Si precisava che «la stanza sarà chiusa da tutte le parti, in modo che nessuno possa entrarvi o uscirne». I cardinali avrebbero potuto essere accompagnati «solamente da un servitore, chierico o laico, a loro preferenza», due in caso di «evidente necessità». Sarebbe stato loro vietato comunicare con l'esterno in qualunque modo: «Nessuno potrà avere accesso ai cardinali, né parlare con loro di nascosto; essi stessi non accetteranno che nessuno vada da loro». Non avrebbero potuto né ricevere né mandare messaggi scritti. Ciononostante sarebbero state ammesse le visite di «coloro che, in accordo con tutti i cardinali presenti, saranno chiamati solo in relazione all'elezione imminente».

Inoltre, nella sala in cui si fossero riuniti gli elettori sarebbe stata aperta una finestra attraverso cui, ogni giorno, sarebbe stato portato del cibo. Per incoraggiarli a eleggere un papa in tempi brevi, la costituzione conciliare prevedeva una diminuzione graduale dei viveri forniti: se al termine di tre giorni i cardinali non avessero rag-

[17] Agostino Paravicini Bagliani, *op. cit.*

giunto un accordo, sarebbero stati serviti loro solamente un piatto a mezzogiorno e uno la sera, e se, dopo cinque giorni di questa dieta, l'elezione non fosse ancora avvenuta, avrebbero ricevuto solamente «pane, vino e acqua fino all'elezione». Per spingere i cardinali a decidersi il più in fretta possibile, la costituzione stabiliva anche che non avrebbero percepito nessun reddito per l'intera durata del conclave. Infine, nel caso in cui un elettore avesse lasciato il conclave prima dell'elezione non avrebbe più potuto esservi ammesso, a meno che ne fosse uscito per malattia (in quel caso sarebbe potuto tornare «dopo essersi ristabilito o anche prima»).

Con grande realismo, la costituzione sottolineava che «non è sufficiente stabilire delle leggi se non c'è nessuno a controllare che siano rispettate». Di conseguenza incaricava, in maniera esplicita, «il signore e gli altri dirigenti e magistrati della città in cui si dovrà tenere l'elezione del pontefice romano» di fare in modo che, «senza frode o inganno», le nuove regole promulgate siano «pienamente e inviolabilmente» rispettate. Il testo si concludeva con considerazioni più elevate, esortando i cardinali a cercare «in piena libertà il bene di tutti», a non tenere conto di «nessuna promessa o intesa precedente» e a non considerare «il proprio interesse» o «il loro bene personale».

Questa costituzione, intitolata *Ubi periculum maius*, segna l'istituzione ufficiale e canonica del conclave nella forma in cui più o meno funziona ancora oggi.

2 · URBANO VI
E LO SCISMA D'OCCIDENTE (1378)

Nel corso della storia numerosi scismi sono stati causati da ragioni dottrinali o disciplinari. In quei casi parte della Chiesa si separava dal papa per disaccordi in apparenza irrisolvibili. Vi sono stati anche scismi nati durante l'elezione del pontefice. Per esempio, dopo la morte di papa Zosimo a Natale del 418, mentre i funerali non erano ancora conclusi, i diaconi e alcuni sacerdoti di Roma si riunirono il 27 dicembre nella basilica del Laterano ed elessero uno di loro, Eulalio, come nuovo sovrano pontefice. Il giorno successivo la maggioranza dei sacerdoti di Roma e una folla di laici elessero il sacerdote Bonifacio. In questo modo, il 29 dicembre, entrambi furono consacrati papa: Eulalio dal vescovo di Ostia, tradizionalmente investito di questo compito, e Bonifacio invece da nove altri vescovi. Lo scisma tra i due pontefici si protrasse fino all'aprile 419, prima di essere risolto da un decreto imperiale che riconosceva Bonifacio come unico vescovo di Roma (papa) poiché era stato eletto dalla maggioranza del clero della Città Eterna.[1]

Uno scisma poteva nascere anche dalle pretese di un cardinale che non aveva ottenuto la maggioranza dei voti e contestava l'elezione. Ci furono inoltre scismi pontifici dovuti a intromissioni del potere civile. Per esempio, nel 1328, mentre il papato era insediato ad Avignone, l'imperatore Luigi IV, in conflitto con papa Giovan-

[1] Ambrogio M. Piazzoni, *Storia delle elezioni pontificie*, Edizioni Piemme, Casale Monferrato 2003, pp. 42-43.

ni XXII, aveva fatto eleggere Pietro da Corvaro, un francescano italiano che prese il nome di Niccolò V e cercò di imporsi a Roma.

Ma quello che sarà in seguito chiamato lo Scisma d'Occidente resta un *unicum* nella storia della Chiesa. Scaturì dal conflitto tra i cardinali elettori e il papa che avevano appena eletto, Urbano VI. Incredibilmente, pochi mesi dopo, per un ripensamento unanime, designarono un altro papa. Jean Favier, esperto del papato di Avignone, ha affermato: «È inaudito che la seconda elezione del 1378 sia stata compiuta, per la maggior parte, da quegli stessi cardinali che avevano eletto un altro papa poche settimane prima».[2]

LE TRE ELEZIONI DI URBANO VI

Facciamo un passo indietro per capire le ragioni di questa scelta. Nel 1309 il papato si era stabilito ad Avignone. Si erano succeduti sette papi, tutti francesi: Clemente V, Giovanni XXII, Benedetto XII, Clemente VI, Innocenzo VI, Urbano V e Gregorio XI. Molti di loro avevano sperato di poter riportare il papato a Roma. Per esempio, Urbano V era rientrato nella Città Eterna nel 1367 per poi tornare ad Avignone nel 1370 in seguito alle diverse difficoltà incontrate.[3] Il suo successore, Gregorio XI, annunciò nel febbraio 1374 l'intenzione di ristabilire in maniera definitiva la Santa Sede a Roma. Partito da Avignone nel settembre 1376, arrivò in Italia solamente nel gennaio 1377. Alle difficoltà economiche si aggiunse una difficile situazione politica: il papato era in guerra con Firenze e nello Stato della Chiesa il governo dei legati era contestato. Inoltre alcuni cardinali e parte della Curia erano rimasti in Francia.

Gregorio XI morì il 27 marzo 1378. Per la prima volta da settantacinque anni ci sarebbe stato di nuovo un conclave a Roma. La città entrò in fibrillazione e reclamò un papa italiano attraverso una formula che sarebbe stata in seguito ripresa in tutte le numerose manifestazioni: «*Romano lo volemo o almeno italiano*». Secondo

[2] Jean Favier, «Le Grand Schisme dans l'histoire de France», in *Genèse et débuts du Grand Schisme d'Occident (1362-1394)*, Éditions du CNRS, Paris 1980, p. 8.

[3] Yves Chiron, *Urbain V, le bienheureux*, Via Romana, Versailles 2010, pp. 227-228.

la testimonianza molto dettagliata del dominicano Nicolas Eymerich, inquisitore di Aragona e cappellano del defunto papa, i romani eressero una forca in legno in piazza San Pietro, annunciando così il destino del prossimo papa se non fosse stato italiano.

Onorato Caetani, il conte di Fondi che aveva aiutato militarmente Gregorio XI a mantenere l'ordine in Campania, aveva suggerito ai cardinali di lasciare la Città Eterna e tenere il conclave altrove, in un luogo in cui la loro sicurezza potesse essere garantita in maniera migliore, lontano dall'agitazione romana. Questi ultimi proposero di organizzarlo a Castel Sant'Angelo, l'impenetrabile fortezza vicina al Vaticano dove alcuni avevano già messo al sicuro i propri tesori. Non fu accettato e l'assemblea iniziò nel Palazzo apostolico il 7 aprile dopo i vespri, mentre ventimila romani erano ammassati in piazza San Pietro chiedendo appunto «un papa romano o almeno italiano». Alcuni erano addirittura armati.

Il conclave si tenne al primo piano, nella cappella San Niccolò che oggi non esiste più. È là che si svolse l'elezione, mentre per i cardinali e i loro conclavisti erano state allestite delle celle nelle due sale vicine. Il Sacro Collegio contava allora ventitré cardinali ma solamente sedici di loro presero parte all'assemblea. In sei avevano avanzato diversi pretesti per rimanere ad Avignone quando la Santa Sede si era ristabilita a Roma, tra cui una delle personalità più in vista della Curia: il vice-cancelliere Pierre de Monteruc. Il cardinale Jean de la Grange, legato pontificio in Toscana, poté invece rientrare a Roma solo dopo l'elezione. Sui sedici cardinali presenti a Roma, undici erano francesi, quattro italiani e uno spagnolo. Prima dell'ingresso in conclave, Guy de Malsec, detto "il cardinale del Poitou" perché era stato vescovo di Poitiers prima di essere nominato cardinale, fu per un certo tempo il favorito degli elettori del Limosino (nel sud della Francia). Coloro che ritenevano necessario o più prudente eleggere un papa italiano proposero i nomi dei cardinali romani Giacomo Orsini e Francesco Tebaldeschi.

Ma il conclave si orientò rapidamente in un'altra direzione. La prima sera, mentre non era ancora stata fatta nessuna votazione, i tredici caporioni (i rappresentanti dei sobborghi di Roma) chiesero di essere ricevuti dai cardinali. Era contrario alle regole stabilite da Gregorio X nella costituzione *Ubi periculum*, secondo cui, come abbiamo visto, la riunione doveva tenersi a porte chiuse e qualunque intrusione nel conclave o qualsiasi tentativo di intimidazione dei cardinali andavano puniti con la scomunica. Ciononostante la delegazione insistette e gli elettori cedettero. Ascoltarono la richiesta di un papa romano o almeno italiano senza però promettere nulla.

La designazione fu allo stesso tempo molto rapida, movimentata e complicata. Ci furono tre elezioni che portarono tutte alla nomina di Bartolomeo Prignano. Dopo il vecchio studio di Noël Valois e la ricostruzione di Olderico Přerovský, grande esperto del papato medievale, il gesuita Mark Dykmans (1905-1991), partendo dall'analisi critica di numerose fonti (testimonianze, cronache e deposizioni), ha esaminato l'evento da un punto di vista canonico per darne un resoconto magistrale.[4] A ciò si aggiungono i lavori di Joëlle Rollo-Koster che hanno messo in evidenza alcuni punti distorti o dimenticati dalla leggenda nera anti-urbanista (dagli oppositori di Urbano VI).[5]

Le votazioni iniziarono il secondo giorno del conclave, giovedì 8 aprile. Fin dal mattino la folla aveva di nuovo invaso piazza San Pietro e si faceva minacciosa al grido di «*romano o almeno italiano*». Nel frattempo i cardinali riuniti nella cappella San Niccolò procedettero all'elezione attraverso una votazione non a scrutinio segreto bensì ad alta voce. Ogni cardinale a turno si alzava e dichiarava il proprio voto. Secondo diverse fonti, fin dalla prima votazione quat-

4 Noël Valois, «L'élection d'Urbain VI et les origines du Grand Schisme», *Revue des questions historiques*, n. 48, 1890, pp. 353-420; Olderico Přerovský, *L'elezione di Urbano VI e l'insorgere dello Scisma d'Occidente*, Società Romana di Storia Patria, Roma 1960, pp. 36-39; Mark Dykmans, «La troisième élection du pape Urbain VI», *Archivum Historiae Pontificiae*, 15, 1977, pp. 217-264 e «La conscience de Clément VII», in *Genèse et débuts du Grand Schisme d'Occident*, cit., pp. 599-605.

5 Joëlle Rollo-Koster, «Looting the Empty See: the Great Western Schism Revisited (1378)», *Rivista di Storia della Chiesa in Italia*, 2005, pp. 429-474 e «Civil Violence and the Initiation of the Schism», in Joëlle Rollo-Koster e Thomas M. Izbiki (a cura di), *A Companion to the Great Western Schism (1378-1417)*, Brill, Leiden-Boston 2009, pp. 9-65.

tordici elettori su sedici si orientarono verso Bartolomeo Prignano, un arcivescovo che non era neanche cardinale. Il suo nome era già circolato come quello del possibile papa prima dell'elezione. Giacomo Orsini, che ambiva a diventare papa e aveva alcuni ferventi sostenitori dentro la Curia e tra i manifestanti in piazza San Pietro, preferì astenersi, mentre il cardinale Corsini votò per un vecchio prelato romano, Francesco Tebaldeschi.

L'elezione di Prignano era una scelta di compromesso. Da una parte era italiano. Nato a Napoli, arcivescovo di Acerenza e poi di Bari, poteva soddisfare le minacciose aspettative dei romani. Dall'altra aveva familiarità con la Curia, ancora in gran maggioranza francese. Ex professore e rettore della facoltà di legge di Napoli, ad Avignone era stato il collaboratore più stretto del vice-cancelliere de Monteruc e, dal ritorno del papato a Roma, era *regens cancellariam*, ossia dirigeva la cancelleria pontificia il cui titolare era ancora ad Avignone. Certo, non era cardinale, ma era noto per l'«integrità morale» nell'esercizio delle sue diverse funzioni e si era dimostrato «rigoroso» nella difesa dei diritti della Chiesa di fronte alle intrusioni dei laici e agli usurpatori dei beni ecclesiastici, dando spesso prova di un «carattere ostinato».[6]

Finché l'eletto non comunicava la propria accettazione, l'elezione non era convalidata e non poteva essere annunciata alla folla. Nell'attesa che Prignano, avvertito dai cardinali della propria designazione, raggiungesse la cappella San Niccolò, gli elettori pranzarono. Poi alcuni iniziarono a porsi delle domande sulle condizioni in cui si era svolta la prima elezione. Venne deciso di ripeterla. Dopo pranzo tutti i cardinali tranne tre, secondo Noël Valois, si riunirono nuovamente nella cappella San Niccolò e confermarono il voto ad alta voce, con il solo Orsini ancora astenuto. Ma prima che Prignano avesse raggiunto gli elettori, la folla forzò le porte del conclave e invase le sale. Nel panico, per calmare gli agitatori, alcuni membri del conclave, prelati e cardinali, fecero credere che fosse stato eletto il vecchio romano Tebaldeschi! Nonostante i suoi dinieghi (*Ego non*

[6] Olderico Přerovský, *op. cit.*, pp. 30-31.

sum papa, "Non sono il papa"), venne fatto salire a forza sul trono preparato per il futuro pontefice facendogli indossare il mantello rosso e la mitra bianca, mentre i romani gli baciavano i piedi come segno di omaggio. Dopo questo episodio sei cardinali si rifugiarono a Castel Sant'Angelo, altri lasciarono Roma. Infine arrivò Prignano; Tebaldeschi gli raccontò i diversi incidenti occorsi durante la giornata e gli comunicò l'esito delle due votazioni. Il neo-eletto, da buon giurista, nutriva dei dubbi sulla validità della propria elezione, avvenuta sotto pressione se non dietro minaccia, e voleva che gli elettori confermassero solennemente il voto. Ciò poteva avvenire solamente il giorno seguente, venerdì 9 aprile. Fu necessario far tornare i sei cardinali che si erano chiusi a Castel Sant'Angelo e quelli che se ne erano andati da qualche parte a Roma o altrove. Verso le tre del pomeriggio i cardinali nuovamente riuniti nella cappella San Niccolò confermarono, questa volta all'unanimità, le due precedenti votazioni. Prignano, secondo il rito, accettò l'elezione e venne intronizzato.

Prese il nome di Urbano VI, ponendosi così in continuità con Urbano V, un papa che aveva lavorato fortemente alla riforma dei costumi ecclesiastici. L'incoronazione ebbe luogo il 18 aprile, giorno di Pasqua, alla presenza di tutti i cardinali, segno che la validità dell'elezione all'epoca non era messa in dubbio. Da un punto di vista canonico, l'elezione di Urbano VI «sembrava valida»[7] fin dalla prima votazione dell'8 mattina, dal momento che obbediva a tutte le regole in vigore. Le due votazioni successive non fecero altro che confermare la prima.

UN DISSENSO

Diversi cronisti dell'epoca e molti storici dopo di loro hanno stroncato Urbano VI, contestandone l'eccessiva autorità o addirittura lo squilibrio mentale. Tre settimane dopo l'elezione, un priore certosino scriveva a Caterina da Siena: «A quel che si dice, il nostro nuovo Santo Padre è un uomo terribile che terrorizza la gente con le

[7] Mark Dykmans, «La troisième élection du pape Urbain VI», cit., p. 262.

sue azioni e parole».[8] Caterina stessa, che avrebbe sempre sostenuto la legittimità dell'elezione incitando il papa a riformare la Chiesa, gli rispose: «Per l'amore di Cristo crocifisso, stemperate un poco i moti impulsivi che la natura suscita in voi. Domate la natura con la santa virtù. [...] Il naturale senza il soprannaturale non ci sarebbe affatto di grande aiuto, ci renderebbe invece inclini a movimenti di collera e orgoglio, e qualora ci forzasse a correggere persone a cui siamo legati, ci frenerebbe rendendoci dei pusillanime».[9]

Ma il carattere di Urbano VI e le sue parole brutali non bastano a spiegare l'animosità nutrita ben presto da tutti i cardinali nei suoi confronti. La ricerca storica recente insiste su di un antagonismo di fondo. Non essendo cardinale, il nuovo papa non si sarebbe sentito legato agli interessi dal Sacro Collegio. Intendeva avviare una riforma della Chiesa, combatterne gli abusi e le derive a partire dalla gerarchia. Lo disse agli elettori: «*Ego intendo mundare Ecclesiam et ego mundabo: istam Sedem intendo primitus reformare*» ("Intendo ripulire la Chiesa e lo farò: ho intenzione di riformare questa Sede prima di tutto").[10] Nelle settimane successive all'incoronazione convocò nuovamente i cardinali e rivolse loro delle «forti critiche: assenteismo, stile di vita lussuoso poco compatibile con il Vangelo, numero eccessivo di familiari, simonia, accumulo di benefici, per non dire, in alcuni casi, appropriazione indebita di fondi provenienti dal suo tesoro».[11] Quest'ultima accusa era rivolta in particolare a due francesi: al camerlengo Pierre de Cros e al cardinale de La Grange.

La maggior parte degli elettori aveva accettato a malincuore il ritorno del papato a Roma. Furono quindi oltraggiati dai rimproveri avanzati dal papa italiano. A giugno tutti i cardinali – eccetto i tre

8 Lettera di Bartolomeo Serafini a Caterina da Siena, 27 aprile 1378, citata da Daniel Ols, «Sainte Catherine de Sienne et les débuts du Grand Schisme», in *Genèse et débuts du Grand Schisme d'Occident*, cit., p. 338.

9 Lettera di Caterina da Siena a Urbano VI, 1378, pubblicata in Catherine de Sienne, *Lettres aux papes, aux cardinaux et aux évêques*, Cerf, Paris 2008, pp. 112-113.

10 Citato da Bernard Guillemain, «Cardinaux et société curiale aux origines de la double élection de 1378», in *Genèse et débuts du Grand Schisme d'Occident*, cit., p. 33.

11 Monique Maillard-Luypaert, «Urbain VI», in *DHP*, cit., p. 1682.

italiani, va sottolineato – lasciarono la Città Eterna e si stabilirono ad Anagni, a una sessantina di chilometri a sud di Roma e in passato luogo abituale di villeggiatura per i papi. Il 20 luglio rivolsero una prima lettera a «Bartolomeo, ex arcivescovo di Bari» e nuovo pontefice. Sostenevano la «vacanza della Sede apostolica» (*apostolica sede vacante*), denunciando la «nefasta intrusione nel papato» di Bartolomeo, e dichiaravano che era divenuto papa solamente «a causa della violenza e delle minacce di morte», definendolo perfino «apostata, anatema, anticristo, distruttore di tutta la cristianità».[12] Lo esortavano a rinunciare al titolo e gli promettevano il perdono se si fosse ravveduto. Il 2 agosto pubblicarono una lunga *Declaratio* in cinquantatré punti che riprendeva, in maniera solenne, quello che avevano scritto a Urbano VI. Poi, il 9 agosto, attraverso una *Lettera* pubblica, annunciarono a tutta la cristianità che Urbano VI era stato deposto come «intruso» e chiesero di non riconoscerlo più come papa.[13]

I tre cardinali italiani ancora a Roma provarono a mediare e proposero la riunione di un concilio, ma non furono ascoltati. Il 27 agosto gli elettori lasciarono Anagni e si stabilirono a Fondi, nel castello fortificato messo a disposizione dal conte Caetani nel regno di Napoli, a circa centoquaranta chilometri a sud di Roma. Mentre il papa canonicamente eletto non era morto e non si era dimesso, erano decisi a eleggere un nuovo vescovo di Roma. Il 15 settembre i tre cardinali italiani li raggiunsero a Fondi. Il 18 settembre Urbano VI rispose creando venticinque nuovi cardinali, di cui diciannove erano italiani. Gli elettori riuniti a Fondi la videro come un'ulteriore provocazione.

Lunedì 20 settembre elessero un nuovo papa alla prima votazione. Con dodici voti (gli undici francesi e uno spagnolo) su sedici fu

[12] Lettera senza data pubblicata dai mauristi Edmond Martène e Ursin Durand in *Veterum scriptorum et monumentorum historicum, dogmaticorum, moralium, amplissima collectio*, Paris, t. VII, 1733, coll. 433-435.

[13] Lettere pubblicate da Étienne Baluze, *Vitae Paparum Avenionensium*, Letouzey, Paris, t. I, pp. 541-547 e t. II, pp. 822-836.

designato il cardinale tedesco Roberto di Ginevra; i cardinali italiani si erano astenuti. I sei prelati rimasti ad Avignone approvarono ulteriormente l'elezione. In realtà Roberto di Ginevra era stato scelto già prima dell'elezione.

Quei cardinali, a Fondi e ad Avignone, erano andati oltre il proprio potere ricusando un'elezione che tutti avevano inizialmente approvato? O, al contrario, l'unanimità nel voler eleggere un altro papa dava alla loro azione un'evidente legittimità? Teologi e canonisti ne hanno discusso animatamente e ancora oggi il dibattito storiografico non è chiuso. La responsabilità del conflitto non può essere ragionevolmente attribuita al solo re di Francia, Carlo V, che auspicava un papa francese. Attraverso un rigoroso studio della corrispondenza e degli scambi con gli emissari, Robert-Henri Bautier ha dimostrato che «i cardinali hanno informato Carlo V con regolarità e, con tutta evidenza, sempre in senso anti-urbanista». Ben presto il re «accetta l'idea di una nuova elezione», ma «la risposta reale arriva ogni volta a fatto compiuto, quando i cardinali sono già passati alla fase successiva».

D'altro canto, «l'iniziativa della rottura proviene da due personaggi, il cardinale de La Grange e il camerlengo Pierre de Cros, che sono riusciti a convincere poco a poco il collegio cardinalizio».[14] Il benedettino Jean de La Grange, ex vescovo di Amiens, era stato fatto cardinale tre anni prima, mentre Pierre de Cros, arcivescovo di Arles, era camerlengo, ossia capo della Camera apostolica che gestiva le finanze pontificie. Già a inizio maggio Pierre de Cros aveva inviato un emissario al re Carlo V per informarlo delle condizioni, secondo lui contestabili, dell'elezione di Urbano VI. Nel mese di giugno aveva fatto portare ad Avignone parte del tesoro pontificio e dei gioielli a lui affidati, il che potrebbe sembrare una «decisione preparatoria per lo spostamento della curia ad Avignone e quindi per lo scisma».[15]

14 Robert-Henri Bautier, «Aspects politiques du Grand Schisme», in *Genèse et débuts du Grand Schisme d'Occident*, cit., pp. 463-464.

15 *Ibidem*.

DUE OBBEDIENZE

Roberto di Ginevra, figlio del conte di Ginevra, era un suddito del Sacro Romano Impero Germanico. Questo fu probabilmente uno dei motivi alla base della sua elezione. Non perché avesse avuto il sostegno del giovane imperatore Venceslao I, che sarebbe rimasto fedele a Urbano VI, ma, come aveva detto uno dei suoi elettori, il cardinale Jean de Cros (fratello del camerlengo Pierre de Cros): «I francesi vogliono un francese, gli italiani vogliono un italiano, così io voto per qualcuno che non è né l'uno né l'altro». Tuttavia Roberto di Ginevra era molto legato alla Francia. Era cugino del re Carlo V ed era stato vescovo di Thérouanne e poi di Cambrai.

Prese il nome di Clemente VII e venne incoronato a Fondi il 31 ottobre successivo. Non cercò di stabilirsi a Roma e l'inizio del suo pontificato fu itinerante: all'inizio a Forlì, poi a Sperlonga, Napoli, di nuovo Sperlonga. Infine, nel giugno 1379, ristabilì la Sede pontificia ad Avignone per porsi sotto la protezione del re di Francia.

Vi erano quindi ormai due papi e sarebbe stato così per diversi decenni. C'erano anche due collegi cardinalizi e due curie con le loro diverse istituzioni (cancelleria, Camera apostolica, tribunali e così via). Con l'unica differenza che Urbano VI, sebbene fosse il papa legittimo, si era ritrovato, secondo l'espressione del cronista Dietrich von Nieheim, *quasi solus ut passer in tecto* ("solo quasi come un passero sul tetto"). Aveva dovuto ricreare una Curia così come aveva ricostituito il Sacro Collegio. Da quel momento ci furono due obbedienze nella cristianità: da una parte gli "urbanisti" (che sostenevano Urbano VI) e dall'altra i "clementisti" (che sostenevano Clemente VII). Alcuni grandi ordini religiosi si schierarono: cluniacensi, cistercensi, premostratensi (o norbertini) e certosini erano clementisti; altri, tra cui domenicani e francescani, erano divisi. Se Caterina da Siena, laica legata all'ordine dei domenicani – e non religiosa come ancora si legge – prese le parti di Urbano VI e lo sostenne con fervore nella sua opera di riforma, un altro importante santo domenicano, Vincenzo Ferreri (il valenciano Vicent Ferrer), si schierò dalla parte di Clemente VII e redasse un trattato per sostenerne la legittimità, *De moderno ecclesiae schismate* (1380).

Anche i sovrani cristiani si pronunciarono più o meno in fretta: l'Inghilterra, il Sacro Romano Impero Germanico, l'Ungheria, la Polonia, la Scandinavia, una parte dell'Italia e il Portogallo rimasero urbanisti, mentre la Francia, la Scozia, le contee di Ginevra e della Savoia, i regni di Castiglia, Aragona e Navarra, il regno di Napoli, la Lorena e il Lussemburgo divennero clementisti. Per quanto motivi propriamente religiosi e ragioni canoniche possano aver giustificato le scelte degli uni e degli altri, bisogna tenere conto anche delle alleanze politiche, degli interessi economici e delle ambizioni personali.

La situazione sembrava inestricabile. Già nel 1379 due teologi tedeschi che insegnavano presso l'università di Parigi, Heinrich von Langenstein e Konrad von Gelnhausen, sostenevano l'idea che solamente un concilio generale, in cui sarebbe stata rappresentata la Chiesa universale, avrebbe potuto decidere tra le due rivendicazioni di legittimità. Ci vollero diversi decenni prima che la soluzione della via conciliare fosse accettata.

Ne seguì uno scisma. E anche dopo la morte dei due papi rivali, una decina di anni più tardi, ogni gruppo elesse molto rapidamente un successore, in modo che una vacanza troppo lunga non indebolisse i romani o gli avignonesi. Così dopo la morte di Urbano VI avvenuta il 15 ottobre 1389 si riunì un conclave ristretto (con solamente tredici cardinali). Il 2 novembre venne elevato al titolo il giovane cardinale italiano Tomacelli, che prese il nome di Bonifacio IX. Nel campo avverso, dopo la morte di Clemente VII avvenuta il 16 settembre 1394, i cardinali avignonesi si accordarono ben presto per designare il 28 settembre, all'unanimità meno un voto, il cardinale spagnolo Pedro de Luna, che prese il nome di Benedetto XIII.

In occasione di quest'ultimo conclave i partecipanti si erano impegnati per iscritto a operare, nel caso fossero eletti, per l'unità della Chiesa. Oltre alla via conciliare già ricordata, erano considerate anche altre soluzioni per mettere fine allo scisma: la via del compromesso o della convenzione (i due papi si sarebbero incontrati e accordati) e la via della cessione o della rinuncia (entrambi i papi si sarebbero dimessi e ne sarebbe stato eletto un terzo).

Nel luglio 1395 Benedetto XIII rifiutò la via della cessione che Carlo VI, re di Francia, voleva organizzare. Altri tentativi, tra cui la via del compromesso, fallirono. Poi Carlo VI e la gerarchia della Chiesa di Francia scelsero un'altra soluzione: la sottrazione di obbedienza. Hélène Millet ha studiato nel dettaglio il processo che portò a questa decisione e le argomentazioni sostenute: dal momento che i papi rivali non volevano affatto farsi da parte spontaneamente, bisognava obbligarli.[16] Quest'opzione, che si diffuse in tutto il regno a partire dal 1398, implicava che la Chiesa di Francia ritirasse il suo appoggio a Benedetto XIII, costringendolo così a rinunciare alla carica e a consentire una nuova elezione. Alcuni suggerirono piuttosto una sottrazione "parziale" attraverso cui sarebbero stati negati a Benedetto XIII il diritto di designare nuovi titolari di cariche ecclesiastiche e quello di riscuotere imposte e tasse sul clero. Altri sostenevano invece una sottrazione "totale". Ostinandosi a mantenere la divisione all'interno della Chiesa, Benedetto XIII se ne escludeva da solo. La sottrazione "totale" significava che da quel momento sarebbe stato lecito rifiutarsi di obbedirgli in tutti i campi. Un'assemblea del clero (a volte chiamata a torto "concilio di Parigi") si riunì il 22 maggio 1398 per esaminare la questione. Tre teologi sostennero la tesi della sottrazione totale: Pierre Le Roy, abate di Mont-Saint-Michel; Gilles des Champs, membro del consiglio del re; e Pierre Plaoul, a nome dell'università di Parigi. Il 28 luglio 1398 l'assemblea si pronunciò infine per la sottrazione totale, ovvero non riconosceva più nessuna autorità a Benedetto XIII. Degli agenti reali si recarono ad Avignone per notificare a Benedetto XIII che Carlo VI e il suo clero non lo riconoscevano più come papa e per esortare i cardinali a lasciare la corte pontificia. Un gran numero di prelati abbandonò in effetti Avignone, ma il papa rimase inflessibile e venne assediato dalle truppe francesi.

Nel 1404 Innocenzo VII succedette a Bonifacio IX come pontefice romano. Quando Gregorio XII gli succedette a sua volta due anni

[16] Hélène Millet, *L'Église du Grand Schisme (1378-1417)*, Éditions Picard, Paris 2009, p. 18 e successive.

dopo, il papa francese credette che fosse infine possibile la via del compromesso. Venne concordato un incontro tra i due uomini che si sarebbe dovuto svolgere a Savona il 1° novembre 1407. Benedetto XIII si presentò all'appuntamento ma Gregorio XII no. Fu allora che si tentò per la prima volta la via conciliare.

UNA «DANNATA TRINITÀ»

Nel giugno 1408 diciannove cardinali unionisti (dodici romani e sette avignonesi) si riunirono a Livorno. Sebbene fossero stati disconosciuti dai due papi in carica (Gregorio XII e Benedetto XIII), annunciarono per il 25 marzo 1409 la riunione di un concilio generale a Pisa. Un concilio a cui erano invitati tutti i vescovi della Chiesa, a prescindere dalla loro obbedienza, e che mirava a mettere fine allo scisma.[17] Si radunarono quasi cento vescovi e arcivescovi, un centinaio di abati, i rappresentanti di tredici università e quelli dei vescovi e degli abati che non avevano potuto recarsi a Pisa, ossia circa cinquecento padri conciliari. I francesi erano i più numerosi e costituivano un terzo dell'assemblea.

I due papi rivali furono incoraggiati a comparire attraverso una convocazione «consegnata in buona e debita forma». Non solo non si presentarono a Pisa, ma cercarono entrambi di riunire un concilio generale: Gregorio XII a Cividale e Benedetto XIII a Perpignano.[18] Il concilio di Pisa proclamò allora solennemente la loro deposizione congiunta il 5 giugno 1409. Poi i cardinali si riunirono in conclave e il 25 giugno elessero un pio e dotto francescano originario di Creta diventato arcivescovo di Milano: Pietro Filargis. Prese il nome di Alessandro V. La storia l'ha giudicato duramente: «La scelta non è saggia. Per uscire definitivamente dallo scisma la Chiesa avrebbe

[17] Hélène Millet, *Le Concile de Pise. Qui travaillait à l'union de l'Église d'Occident en 1409?*, Brepols, Turnhout 2011 e «La condamnation de deux papes fauteurs du Schisme: un drame conciliaire (Pisa, 1409)», in Guillaume Cuchet e Charles Mériaux (sotto la direzione di), *La Dramatique conciliaire de l'Antiquité à Vatican II*, Presses universitaires du Septentrion, Villeneuve-d'Ascq 2019, pp. 181-201.

[18] Hélène Millet (sotto la direzione di), *Le Concile de Perpignan (15 nov. 1408-26 mars 1409)*, Études roussillonnaises/Éditions Trabucaire, Mercuès 2009.

avuto bisogno di un papa dotato di una forte autorità e in grado di mantenersi al di sopra delle parti. Non è questo il caso. Appena eletto, Alessandro V si attira l'odio dei laici permettendo ai mendicanti di predicare e confessare dappertutto. Una mossa goffa che è di cattivo auspicio».[19]

Il ritorno all'unità era stato mancato. La Chiesa si ritrovava in presenza non più di due ma di tre papi. Si era passati, secondo l'espressione dell'epoca, da una «maledetta dualità» a una «dannata trinità», una Chiesa a «tre teste». Gli Stati rimanevano divisi. Per esempio, se i principati italiani supportavano per la maggior parte il nuovo eletto, il Regno di Napoli, la Repubblica di Venezia e il Ducato di Rimini sostenevano ancora Gregorio XII. Questo primo tentativo di risolvere lo scisma attraverso la via conciliare era fallito. Sarebbe stata necessaria la tenacia dell'imperatore tedesco Sigismondo per tentare, alcuni anni dopo, un nuovo concilio e per risolvere infine lo Scisma d'Occidente.

[19] Pierre-Marie Berthe, *Les Dissensions ecclésiales, un défi pour l'Église catholique. Histoire et actualité*, Cerf, Paris 2019, p. 353.

3 · QUANDO UN CONCILIO ELEGGE IL PAPA: L'AVVENTO DI MARTINO V (1417)

Il 17 maggio 1410 il cardinale Baldassarre Cossa succedette ad Alessandro V come papa della linea del concilio di Pisa e prese il nome di Giovanni XXIII.[1] All'epoca non era ancora né sacerdote né vescovo e doveva la propria ascesa al talento finanziario e militare che aveva messo al servizio di diversi sovrani pontifici. Dovette in ogni caso essere ordinato sacerdote prima di essere nominato papa.

Una volta ufficialmente vescovo di Roma, fu costretto ben presto ad affrontare difficoltà economiche e politiche. Il concilio di riforma da lui aperto nella Città Eterna nel 1413 richiamò così pochi vescovi da essere sospeso. Poi Giovanni XXIII, cacciato da Roma dal re di Napoli Ladislao I, dovette appellarsi all'imperatore Sigismondo per riprendere il potere. Quest'ultimo, in virtù del titolo tradizionale di «re dei romani», era «avvocato e difensore della Santa Chiesa». Persuase il Santo Padre a convocare un concilio generale per mettere fine allo scisma e si impegnò a convincere gli altri due papi (quelli di Roma e Avignone) a parteciparvi o a dimettersi. In un *edictum universale*, una lettera a tutta la cristianità, il 30 ottobre 1413 Sigismondo annunciò l'organizzazione di un concilio e il 9 dicembre

[1] L'*Annuario Pontificio* indica Urbano VI e la linea "romana" (Bonifacio IX, Innocenzo VII e Gregorio XII) come papi legittimi e quelli della linea "avignonese" (Clemente VII e Benedetto XII) e della linea "pisana" (Alessandro V e Giovanni XXIII) come antipapi. È per questo che il cardinale Angelo Roncalli, eletto papa nel 1958, potrà prendere il nome di Giovanni XXIII.

successivo papa Giovanni XXIII convocò ufficialmente tutti i cardinali, gli arcivescovi e i vescovi di ogni obbedienza. L'assemblea doveva tenersi a Costanza, che aveva il doppio vantaggio di essere nel territorio dell'Impero, quindi sotto la protezione dell'imperatore, e allo stesso tempo di essere vicina all'Italia.

IL CONCILIO DI COSTANZA

Aperto solennemente il 5 novembre 1414 nella navata della cattedrale di Costanza, il concilio si svolse in quarantacinque sessioni tra il 16 novembre 1414 e il 22 aprile 1418.[2] Erano presenti diciannove cardinali di diverse obbedienze, centinaia di vescovi e di abati. In totale parteciparono al concilio 274 francesi, di cui 7 cardinali, 28 vescovi, 58 membri del clero regolare (abati, priori ecc.), 49 canonisti e 78 rappresentanti dell'università.[3] In generale, i rappresentanti dei vescovi o degli abati e i delegati di altre istituzioni (capitoli delle cattedrali e delle collegiate, università) erano più numerosi dei vescovi e degli abati stessi. Per evitare di subire il predominio degli italiani (in maggioranza per numero), il 7 febbraio 1415 venne deciso di non votare per persona ma per "nazione", con un solo voto per ognuna. Quattro nazioni furono riconosciute subito: quelle italiana, inglese (che comprendeva anche gli irlandesi e gli scozzesi), tedesca (che includeva scandinavi, polacchi, ungheresi, cechi, croati e dalmati) e francese (che racchiudeva anche la Savoia, all'epoca indipendente, e la Svizzera francofona). Per riguardo alla sua dignità, anche al Collegio dei cardinali spettava un voto. In seguito sarebbe stata riconosciuta una quinta nazione con diritto di voto, quella spagnola.

2 Nonostante numerosi lavori recenti, la storia del concilio di Costanza è ancora da scrivere. Si vedano due brevi sintesi: Joseph Wohlmuth, «Le concile de Constance (1414-1418) et le concile de Bâle (1431-1449)», in Giuseppe Alberigo, *op. cit.*, t. I, pp. 203-220 e Yves Chiron, *Histoire des conciles*, cit., pp. 146-157. I testi latini dei decreti e delle sentenze promulgati dal concilio e le loro traduzioni francesi sono stati pubblicati in Giuseppe Alberigo, *op. cit.*, t. II, vol. 1, pp. 835-929.

3 Sophie Vallery-Radot, *Les Français au concile de Constance (1414-1418). Entre résolution du schisme et construction d'une identité nationale*, Brepols, Turnhout 2016, pp. 106-107.

Il concilio si era prefissato l'obiettivo di ristabilire l'unità e mettere fine allo scisma sorto nel 1378. Intendeva anche sradicare gli "errori" diffusi in Inghilterra da John Wyclif e in Boemia da Jan Huss e Girolamo da Praga. Infine voleva avviare "la riforma della Chiesa".

Contrariamente alle previsioni degli uni e degli altri, l'assemblea conciliare si sarebbe divisa e Giovanni XXIII, nonostante avesse convocato e aperto il concilio, alla fine vi si sarebbe opposto.

Il concilio di Costanza cercò inizialmente di ottenere le dimissioni dei tre papi rivali. Giovanni XXIII, da parte sua, sperava che la propria elezione fosse confermata, ma le sue manovre scontentarono molti padri conciliari. Durante la seconda sessione, il 2 marzo 1415, offrì di dimettersi dalla carica a condizione che Gregorio XII e Benedetto XIII facessero altrettanto. Ma nella notte tra il 20 e il 21 marzo lasciò la città con un travestimento e si stabilì a Sciaffusa, a una cinquantina di chilometri da Costanza, sotto la protezione di Federico V, duca d'Austria e del Tirolo. Intendeva sciogliere il concilio e invitò i cardinali a raggiungerlo. Solamente otto si unirono a lui e l'intervento dell'imperatore Sigismondo fu determinante per impedire che il concilio si disperdesse.

La tesi conciliare tornò oggetto di dibattito. Dal 1379, come abbiamo visto, alcuni teologi avevano sostenuto che il solo modo per mettere fine allo scisma fosse la riunione di un concilio. Nel 1408 il vescovo di Firenze, Francesco Zabarella, aveva pubblicato il trattato *De schismate* a sostegno di questa soluzione. A Costanza era già stata oggetto di discussioni e perfino di un progetto di decreto. Il 23 marzo, tre giorni dopo la fuga del papa, l'eminente teologo e cancelliere dell'Università di Parigi Jean Gerson pronunciò un discorso importante. Sosteneva la prosecuzione del concilio in assenza del papa e affermava: «Il potere affidato da Cristo alla Chiesa è di norma regolarmente esercitato dal papa per edificare quella stessa Chiesa, ma in caso di inadempienza o errore del pontefice spetta al concilio che lo rappresenta, per porvi rimedio».[4] Si espresse quindi in favore della superiorità del concilio rispetto al papa. Durante le sessio-

[4] Citato da Pierre-Marie Berthe, *op. cit.*, p. 357.

ni successive (26 e 30 marzo, 6 aprile) vennero promulgati alcuni lunghi decreti su "autorità" e "integrità" del concilio. Quest'ultimo ricordava di essere stato «riunito in maniera corretta e regolare». Proclamava di «non essere stato sciolto con la partenza da Costanza di nostro signore il papa, né con la partenza di altri prelati» e che la sua missione rimaneva quella «di estirpare l'attuale scisma e realizzare l'unione e la riforma della Chiesa di Dio, nel suo capo e nei suoi membri». Per affermare la propria legittimità, il concilio diceva di essere «riunito nello Spirito Santo», di rappresentare «la Chiesa cattolica militante» e di avere ricevuto «il proprio potere direttamente da Cristo». Si posizionava quindi come un'entità superiore e indipendente dal papa. Ciò fu evidente quando, nonostante l'assenza del pontefice, i vescovi riuniti pronunciarono in diverse sessioni una condanna molto dettagliata delle dottrine di Wyclif e Huss.[5]

DEPOSIZIONE O DIMISSIONI DEI TRE PAPI

Nonostante la sua avventurosa teoria conciliarista, il concilio di Costanza riuscì a porre fine allo scisma. I decreti dell'assemblea consentirono di seguire in modo chiaro l'implacabile procedura per raggiungere l'obiettivo.

Dopo la fuga, Giovanni XXIII era stato convocato per tre volte: il 2, il 13 e il 14 maggio 1415. Il 14 maggio stesso venne sospeso in contumacia dall'ufficio papale. Aveva cambiato residenza più volte e creduto di trovare rifugio a Friburgo ma l'imperatore Sigismondo riuscì a catturarlo. Fu portato al castello di Radolfzell, sul lago di Costanza, dove venne affidato alla custodia di Vital Valentin, vescovo di Tolone, incaricato dal concilio di ottenere l'abdicazione del papa. In questo modo, il 19 maggio, giorno di Pentecoste, Giovanni XXIII, «pentendosi e piangendo», consegnava al vescovo di Tolone la bolla con l'abdicazione firmata e l'anello del pescatore, simbolo del suo potere di pontefice.[6]

[5] Per numerose tesi sono precursori della Riforma protestante. John Wyclif era morto da tempo, mentre Jan Huss e il suo discepolo Girolamo da Praga si recarono al concilio; condannati, furono bruciati sul rogo a Costanza.

[6] Sophie Vallery-Radot, «La dramatique conciliaire à Constance (1414-1418). La fuite

Il 25 maggio, durante l'undicesima sessione, il concilio poté quindi mettere sotto accusa Giovanni XXIII. Contro di lui furono invocati quarantaquattro articoli. Il 29 maggio venne pronunciata una sentenza di deposizione contro «il signore papa Giovanni XXIII», come «notoriamente scandaloso per la Chiesa di Dio e per il suddetto concilio, perturbatore della pace e dell'unione della Chiesa», spergiuro del suo giuramento di rinunciare al Seggio apostolico per ristabilire l'unione e anche «noto simoniaco», «cattivo amministratore e dispensatore dei beni spirituali e temporali della Chiesa» che «attraverso la sua vita e i suoi costumi odiosi e disonesti, ha notoriamente scandalizzato la Chiesa di Dio, prima dell'ascesa al pontificato e in seguito fino a ora». Rimase prigioniero al castello di Radolfzell e poi in altre residenze prima di essere liberato nel giugno 1419, sei mesi prima della sua morte.

Il 29 maggio 1415 il concilio di Costanza aveva adottato un decreto attraverso cui ordinava che «non sarebbero mai stati rieletti come papi i signori Balthasar de Cossa, Angelo de Corario [Correr] e Pedro de Luna, rispettivamente conosciuti come Giovanni XXIII, Gregorio XII e Benedetto XIII nelle rispettive obbedienze». Dopo che il primo fu deposto dal concilio, Gregorio XII diede le dimissioni, gesto che l'assemblea dei vescovi «accetta, approva e loda» il 4 luglio 1415. Venne reintegrato nel Collegio dei cardinali, partecipando perfino al conclave che si sarebbe tenuto due anni dopo. Benedetto XIII invece dettò le sue condizioni per dimettersi. Dopo che furono rifiutate, persistette, nonostante un intervento da parte dell'imperatore Sigismondo. Uno dei suoi principali sostenitori, il re di Aragona, ritirò la propria obbedienza nell'ottobre 1416. Il 5 novembre il concilio aprì un processo contro «Pedro de Luna, chiamato Benedetto XIII nella sua obbedienza» che durò diversi mesi. Il 26 luglio 1417 venne infine spogliato del pontificato per aver «gravemente peccato contro la Chiesa di Dio e il popolo cristiano, fomentando, alimentando e continuando lo scisma e la divisione della Chiesa di Dio». «Agitatore

de Jean XXIII du concile», in *La Dramatique conciliaire de l'Antiquité à Vatican II*, cit., p. 215.

scismatico», venne anche condannato come «eretico» per essere stato un «trasgressore ostinato, incorreggibile, noto e manifesto dell'articolo di fede: *La Chiesa, una, santa e cattolica*».

Secondo alcuni canonisti e storici, le deposizioni di Giovanni XXIII e Benedetto XIII da parte del concilio di Costanza furono «giuridicamente discutibili» ma «necessarie per il bene comune».[7]

In ogni caso, i tre papi rivali erano stati ormai allontanati ed era possibile tenere un conclave. Ma prima, per perpetuare il proprio potere e la superiorità rispetto al papa, il concilio votò il 9 ottobre 1417, nella trentanovesima sessione, alcuni decreti di riforma. Riguardavano in particolare la riunione dei concili generali, la professione di fede che avrebbero dovuto prestare i papi e le nomine episcopali.

MARTINO V, L'ELETTO DEL CONCILIO

Una volta stabilite queste norme, il concilio decise che si sarebbe tenuto un conclave per eleggere il nuovo papa. I cardinali presenti a Costanza appartenevano alle tre vecchie obbedienze ma non erano rappresentativi dell'intera cristianità. C'erano quindici italiani, sei francesi, un savoiardo e uno spagnolo, ma nessun cardinale del Sacro Romano Impero e nessun inglese. Inoltre l'assemblea dei vescovi decise di stabilire delle nuove regole, a lungo dibattute, per l'elezione del papa. Alla fine venne scelto il progetto dell'arcivescovo di Tours, Jacques Gélu, presentato il 22 ottobre 1417. Le nuove regole vennero adottate dal concilio in occasione della quarantesima sessione, il 30 ottobre successivo.[8] In base a esse il futuro papa sarebbe stato eletto da un'assemblea dalla composizione eccezionale. Per associare il concilio all'elezione, al Sacro Collegio sarebbero stati aggiunti sei

[7] Philippe Pichot, «La déposition de Jean XXIII et de Benoît XIII par le concile de Constance, 1415-1417», in Cyrille Dounot, Nicolas Warembourg e Boris Bernabé (sotto la direzione di), *La Déposition du pape hérétique. Lieux théologiques, modèles canoniques, enjeux constitutionnels*, Éditions Mare & Martin/Presses universitaires de Sceaux, 2019, pp. 79-90.

[8] Concilio di Costanza, sessione XL, in Giuseppe Alberigo, *op. cit.*, t. II, vol. 1, pp. 914-919.

delegati eletti per ognuna delle cinque nazioni riconosciute. Si trattava senza dubbio di una rottura rispetto alla tradizione con quasi quattrocento anni di storia per cui l'elezione del papa era riservata ai soli cardinali. Il concilio precisò che la regola era stata cambiata «solo per questa volta» e che i delegati ammessi eccezionalmente a partecipare all'elezione del papa dovevano essere «prelati o altre personalità ecclesiastiche onorevoli che avevano ricevuto i sacri ordini».

Ai ventitré cardinali si aggiunsero quindi trenta elettori delegati designati dalle cinque nazioni. Questi elettori supplementari provenivano da tutti i gradi gerarchici della Chiesa: erano presenti diciotto vescovi o arcivescovi, il maestro generale dell'ordine dei frati predicatori (domenicani), l'abate di Cluny, abati e priori di altri monasteri, un canonico, un maestro in teologia, un dottore in legge, due arcidiaconi e un prevosto.[9] Questa diversità si ritrovava anche nella composizione del corpo elettorale francese: oltre ai sette cardinali, i sei delegati della nazione erano Gaultier Le Gras, dottore in decreti, priore di Rodi; Guillaume de Boisratier, arcivescovo di Bourges; Jacques Gélu, arcivescovo di Tours; Jean de Bertrand, vescovo di Ginevra; Jean de Rochetaillée, patriarca latino di Costantinopoli e Robert de Chaudesolles, abate di Cluny.

Questo conclave eccezionale si svolse alla *Kaufhaus* (la casa dei mercanti) di Costanza. Diverse testimonianze dirette permettono di conoscerne i preparativi e lo svolgimento, in particolare una cronaca redatta da Ulrich Richental, cittadino di Costanza, e il diario tenuto dal cardinale francese Guillaume Fillastre.[10] l'edificio disponeva, al pian terreno, di una grande sala lunga circa cinquanta metri e aveva due piani. Venne organizzata una cappella con tre altari e furono costruite delle celle per tutti gli elettori con pareti di legno, ognuna

[9] Le principali fonti sul concilio forniscono delle liste incomplete e discordanti. John Paul Adams vi ha dedicato uno studio critico, pubblicato sul suo sito *Notes on Papal Elections and Conclaves from the 11th to the 21st Centuries*, che dovrebbe fungere da riferimento.

[10] Questi due documenti sono stati pubblicati da John H. Mundy e Kennedy M. Woody in *The Council of Constance. The Unification of the Church*, Columbia University Press, New York 1961.

con un letto e un tavolino. I pasti erano portati due volte al giorno dall'esterno e controllati da due vescovi. Il regolamento aveva stabilito nel dettaglio gli alimenti e le bevande autorizzati, precisando che i pasti non dovevano «essere preparati in maniera principesca» e dovevano essere composti da un solo piatto.

L'imperatore Sigismondo risiedette a Costanza per tutta la durata del conclave. Presiedette le cerimonie e le riunioni preparatorie, manifestando apertamente il suo disaccordo in occasione della designazione dei "guardiani" del conclave. Ma non intervenne nel suo svolgimento e non espresse apertamente il nome del cardinale che aveva la sua preferenza.[11]

Lunedì 8 novembre 1417 si stabilirono quindi alla *Kaufhaus* cinquantatré "elettori pontifici". «Alle quattro del pomeriggio» scrive Richental nella sua cronaca «sotto una pioggia battente, entrarono in conclave i ventitré cardinali, uno dopo l'altro, e i trenta rappresentanti delle nazioni». Il giorno successivo, dopo la messa, la giornata trascorse in discussioni sul processo elettorale. Venne deciso che si sarebbe votato con scrutinio segreto e, se necessario, *per accessum* (ovvero gli elettori avrebbero potuto cambiare il proprio voto dopo la proclamazione dei risultati dello scrutinio). La tradizionale maggioranza di due terzi dei voti necessaria per essere eletti fu mantenuta ma venne dichiarato che il conteggio dei voti sarebbe stato eseguito per collegio (quello dei cardinali e i cinque delle nazioni) e che quindi sarebbero stati necessari sei volte due terzi dei voti. C'era un evidente rischio di stallo, dal momento che tre elettori di una sola nazione potevano impedire il successo dell'elezione. I francesi speravano di far eleggere il cardinale Pierre d'Ailly, eminente teologo e sostenitore della tesi conciliare, o un altro delegato della loro nazione. Gli inglesi e i sudditi dell'impero, invece, avevano ricevuto indicazione di non votare per un francese.

Rispetto ai conclavi precedenti venne introdotta un'altra innovazione nella procedura elettorale: le schede deposte nell'urna sareb-

[11] Palémon Glorieux, *Le Concile de Constance au jour le jour*, Desclée, Tournai 1964, pp. 223-224.

bero state lette una alla volta, come d'abitudine, ma anche mostrate a tutti affinché ognuno «potesse riconoscere la propria scheda». Inoltre ogni giorno, per tutta la durata del conclave, mentre i cardinali e gli altri elettori erano in riunone, nella cattedrale di Costanza si tenevano delle preghiere solenni seguite da una processione verso la *Kaufhaus* al canto di *Veni Sancte Spiritus*, affinché lo Spirito Santo illuminasse i cardinali e i delegati incaricati di eleggere il papa.

Al primo scrutinio, mercoledì 10 novembre, ci fu un'ampia dispersione dei voti. Quattro cardinali ne ricevettero il numero più alto: il savoiardo Allarmet de Brogny, gli italiani Francesco Lando, Amedeo di Saluzzo e Oddone Colonna. Jean de Bertrand, che era stato vescovo di Ginevra ma non cardinale, ottenne 18 voti e Jacques Gélu, arcivescovo di Tours, neanche lui cardinale, ne ottenne 8. Nessun nome spiccava. Ciononostante il desiderio di ritrovare rapidamente l'unità della Chiesa ebbe la meglio sulle ambizioni personali o nazionali. Al secondo scrutinio, giovedì 11 novembre, tre cardinali italiani (Antonio Correr, Amedeo di Saluzzo e Oddone Colonna), così come il savoiardo Allarmet de Brogny, ottennero un numero elevato di voti, ma nessuno ebbe i due terzi necessari. Si decise quindi di procedere *per accessum* per risolvere la questione. Il cardinale Oddone Colonna aveva ricevuto i voti di otto cardinali e di sedici rappresentanti delle nazioni (tra cui tutti quelli della nazione inglese).[12] Grazie all'*accessus* ottenne la totalità dei voti dei cardinali e quelli di quattro nazioni aggiuntive. Venne quindi eletto all'unanimità e assunse il nome di Martino V.

UNA LEGGENDA

Oddone Colonna apparteneva a una potente e influente famiglia romana. Dal XIII al XVIII secolo i Colonna annoverarono, tra i loro differenti rami, una ventina di cardinali.[13]

[12] Si veda Margaret Harvey, «Martin V and Henry V», *Archivum Historiae Pontificiae*, 24, 1986, pp. 49-70 e il diario di Fillastre, in John H. Mundy e Kennedy M. Woody, *op. cit.*, p. 427.

[13] Prospero Colonna, *I Colonna. Dalle origini all'inizio del secolo XIX*, Istituto Nazionale Medico Farmacologico Serono, Roma 1927, pp. 71-83.

Diversi storici, storie della Chiesa e dizionari hanno ripetuto fino a poco tempo fa che Martino V era figlio di Agapito Colonna, «vescovo di Lisbona e cardinale sotto Urbano VI». Alcuni papi avevano già avuto dei figli prima o durante il loro pontificato, non era un segreto. Ma questa volta, fatto senza precedenti, si sarebbe trattato di un papa figlio di cardinale. Lo studioso esperto di papato medievale Mark Dykmans ha reso giustizia a quella che definisce «un'affermazione calunniosa».[14] Nella genealogia dei Colonna vi furono davvero un Agapito, vescovo di Luni morto nel 1344, e un altro Agapito, cardinale, morto nel 1380. Ma nessuno dei due ebbe figli. Papa Martino V era figlio legittimo di un altro Agapito Colonna, signore di Genazzano, e di Caterina Gonti, figlia di Giovanni signore di Valmontone. Come osservato da Jacques Banville, un errore ripetuto passa alla storia come verità. Mark Dykmans ha fatto anche notare che un'affermazione simile non era in linea con il formalismo canonico del concilio di Costanza: «Crediamo davvero che gli elettori così stranamente numerosi del concilio di Costanza non si fossero informati e avessero eletto papa il figlio di un sacerdote o perfino di un vescovo senza nessuna dispensa?».

Nominato vescovo di Urbino nel 1380 e fatto cardinale nel 1405 da Innocenzo VII (di obbedienza romana), Oddone Colonna si era unito all'obbedienza pisana nel 1408. All'inizio del concilio aveva sostenuto con fermezza Giovanni XXIII e l'aveva inizialmente seguito nella sua fuga. In un secondo tempo era tornato a Costanza, diventando un testimone dell'accusa nel processo intentato al papa in fuga. L'appartenenza alla potente famiglia romana dei Colonna spiega forse in larga parte perché venne eletto molto rapidamente e all'unanimità. In effetti, sebbene l'imperatore Sigismondo auspicasse un'installazione in pianta stabile della Santa Sede nel territorio tedesco e i francesi sperassero ancora nel ritorno ad Avignone come sede del papato, parecchi elettori erano consapevoli che per ristabilire l'autorità pontificia e l'unità della Chiesa era necessario un rapido ritorno a Roma.[15]

[14] Mark Dykmans, «L'Agapito Colonna, père du pape Martin», *Revue d'histoire ecclésiastique*, t. LXXI, 1976, pp. 418-427.

[15] Marcella Cossu, «Martino V», in Niccolò Del Re, *op. cit.*, p. 688.

Il nuovo eletto prese il nome di Martino V in omaggio al santo del giorno. Benché fosse cardinale era ancora un semplice chierico tonsurato. Venne ordinato diacono venerdì 12 novembre, sacerdote sabato 13, vescovo domenica 14. Una settimana dopo, il 21 novembre, la cerimonia di intronizzazione si svolse in due tempi: fu consacrato papa nella cattedrale di Costanza prima di essere incoronato un'ora dopo nella grande corte del palazzo episcopale, che poteva accogliere un pubblico più ampio. Fu l'ultimo sovrano pontificio eletto fuori da Roma prima di Pio VII (designato a Venezia nel 1800).

La sua elezione metteva così fine allo scisma durato quasi quarant'anni. I principi cristiani riconobbero tutti, più o meno rapidamente, il nuovo papa. Martino V concluse il concilio di Costanza e ne proclamò la chiusura il 22 aprile 1418. Lasciò la città il 16 maggio successivo ma poté rientrare a Roma solamente il 30 settembre 1420.

4 · ALESSANDRO VI, IL PRIMO PONTEFICE «PADRE DI FAMIGLIA» (1492)

I Borgia, la serie televisiva franco-tedesca trasmessa in contemporanea in Francia, Germania e Italia tra il 2011 e il 2014, ha fatto conoscere al grande pubblico la storia del cardinale spagnolo Rodrigo Borgia, divenuto papa con il nome di Alessandro VI, e dei suoi tre figli illegittimi: Cesare, Giovanni e Lucrezia. Questa serie di trentotto episodi suddivisi in tre stagioni ha costruito il suo successo con un sapiente mix: la messa in scena di una vita scandalosa unita all'implacabile conquista del potere, ricostruzioni storiche degli ambienti e dei costumi di valore, nonché un «eccesso di violenza e sesso».[1] Gli storici, naturalmente, hanno rilevato numerosi errori e anacronismi, in particolare nella rappresentazione del conclave che permise al cardinale Borgia di accedere al pontificato.

Come vedremo, la leggenda nera di Alessandro VI è iniziata fin dall'elezione. È stata tramandata nei secoli, spesso distorta e ingigantita dai nemici della Chiesa (protestanti e poi anticlericali) o dagli amanti del romanzesco. In effetti, nel 1854, Alexandre Dumas ha iniziato la sua serie storico-romanzesca sui crimini famosi con un volume dedicato proprio ai Borgia.

Allo stesso tempo la vita di questo papa è stata condannata in diverse epoche dai sinceri sostenitori della riforma della Chiesa e del papato. Per esempio, con Alessandro VI ancora in vita, il fervente predicatore domenicano Girolamo Savonarola è sembrato nella sua

[1] *Le Figaro*, 14 ottobre 2011.

radicalità come l'antitesi di papa Borgia. Tuttavia, nell'abbondante storiografia dedicata a questo papa non sono mancati i difensori, inclusi alcuni in decenni più recenti.[2]

Da un punto di vista storico, nel quadro dei lunghi secoli del papato, Alessandro VI non va visto come una specie di mostruoso meteorite. Per diversi aspetti la sua carriera, la «strategia del nepotismo» (secondo l'espressione di Jacques Heers)[3] e perfino gli scandali della vita privata si inseriscono in un preciso contesto storico e mettono in luce le derive di un'epoca particolare.

Senza redigere qui una biografia completa di Rodrigo Borgia, divenuto Alessandro VI, né una storia completa del suo pontificato, proveremo a mostrare come e per quali ragioni venne eletto papa all'unanimità nonostante avesse già sette figli.

DALLA TRADIZIONE DEL NEPOTISMO AL PRIMO PAPA BORGIA

A lungo favorire i nipoti, da cui il neologismo "nepotismo", o altri parenti e familiari attraverso nomine (o l'attribuzione di importanti benefici) è stata una tradizione nella Chiesa. Wolfgang Reinhard ha dimostrato che il nepotismo è stato una costante nella storia pontificia dall'epoca del cristianesimo antico, durante tutto il Medioevo e infine nell'epoca moderna.[4] In questo modo vi sono state dinastie ecclesiastiche fin dall'antichità cristiana. Per esempio, nel conflitto con papa Vittore I riguardo la data di Pasqua, Policrate, vescovo di Efeso, ha difeso una tradizione che secondo lui era stata trasmessa dalla sua famiglia di generazione in generazione: «Vivo secondo la tradizione dei miei fratelli, di alcuni dei quali sono successore. Sette, infatti, sono stati vescovi, e io sono l'ottavo».[5] Nel Medioevo e nell'epoca moderna il nepotismo non era fondato solamente su

[2] Si vedano in particolare i lavori di Giovanni Battista Picotti e di Giovanni Soranzo citati in bibliografia.

[3] Jacques Heers, *La Cour pontificale au temps des Borgia et des Médicis. 1420-1520*, Hachette, Paris 1986.

[4] Wolfgang Reinhard, «Le népotisme. Fonctions et avatars d'une constante de l'histoire pontificale», in *Papauté, confessions, modernité*, EHESS, Paris 1998, pp. 69-98.

[5] Eusebio di Cesarea, *Storia ecclesiastica*, Città Nuova, Roma 2001, V, XXIV, 6.

interessi materiali, c'erano anche motivi morali. Tommaso d'Aquino, pur senza utilizzare quel termine, lo giustificava a certe condizioni: «Talora invece i consanguinei di un prelato ecclesiastico sono meritevoli al pari degli altri. E allora egli può preferirli senza accettazione di persona: poiché hanno il vantaggio di essere presumibilmente più disposti a trattare con lui gli affari ecclesiastici con identità di vedute».[6] Tommaso riconduceva il nepotismo alla *pietas*, la "pietà filiale", una virtù sociale che consisteva non solo nell'onorare i familiari in senso lato, ma anche nell'assisterli e favorirli (tenendo presente che «l'atto di ogni virtù [...] è limitato dalle debite circostanze: trascurando le quali l'atto non è più virtuoso, ma peccaminoso»).[7] Praticare il nepotismo non era quindi per forza segno di un pontificato scellerato o che mettesse in pericolo la fede.

Quindi, così come c'è stata una dinastia pontificia Della Rovere (Sisto IV nel XV secolo, Giulio II all'inizio del XVI), vi furono anche quelle dei Piccolomini (Pio II e Pio III), dei Medici (Leone X, Clemente VII e Leone XI) e infine dei Borgia (Callisto III, Alessandro VI).

I Borgia erano originari di Játiva, vicino a Valencia, in Spagna. Il primo membro della famiglia ad accedere al cardinalato e poi al pontificato fu Alfonso Borgia. Nato nel 1378, dottore *in utroque jure* (diritto canonico e civile), fu dapprima professore di diritto. Le grandi competenze di giurista e la reputazione di uomo onesto ne fecero il segretario particolare e consigliere di re Ferdinando I d'Aragona. Riconciliò il suo successore, Alfonso V, con papa Martino V, cosa che gli valse la nomina a vescovo di Valencia nel 1429. In seguito rifiutò di rappresentare il proprio sovrano al concilio scismatico di Basilea, che nel 1439 elesse l'antipapa Felice V. La fedeltà al papa legittimo venne ricompensata con il cardinalato nel 1443. Stabilitosi a Roma conservando il vescovato di Valencia «divenne noto per le competenze giuridiche, l'onestà e la religiosità».[8]

6 Tommaso d'Aquino, *Somma teologica* (a cura di p. Tito S. Centi), Salani, Firenze 1975, II^{a}-II^{ae}, q. 63, articolo 2.

7 Ivi, II^{a}-II^{ae}, q. 101, art. 4.

8 Justo Fernández Alonso, «Calixte III», in *DHP*, cit., p. 264.

Dopo la morte di papa Niccolò V nel 1455, il conclave si divise tra sostenitori dei cardinali Prospero Colonna e Latino Orsini (famiglie che in passato avevano già avuto un papa ognuna). Dopo due scrutini, per uscire da un'evidente situazione di stallo, alcuni pensarono al cardinale Bessarione, ex metropolita ortodosso di Nicea diventato cattolico. Secondo la testimonianza di Piccolomini, che non partecipò al conclave ma ricevette le confidenze di numerosi cardinali, alcuni conciliaboli notturni fecero fallire la probabile elezione di Bessarione: «Daremo quindi alla Chiesa latina un papa greco e metteremo a capo della legge cattolica un neofita? Bessarione non si è ancora rasato la barba e sarebbe il nostro capo? Sappiamo se la conversione è sincera? Ieri e l'altro ieri attaccava la Chiesa romana e oggi, convertitosi, sarà il nostro maestro e guiderà le truppe dell'armata cristiana?».[9]

Una volta scartata la soluzione Bessarione, l'8 aprile la maggioranza dei voti si spostò, come succede spesso, «su qualcuno di inaspettato»: lo spagnolo Alfonso Borgia. Forse, dirà Piccolomini, alcuni ritenevano che il suo pontificato sarebbe stato breve vista l'età avanzata (aveva allora settantasei anni ed era «sopraffatto dalla vecchiaia, quasi decrepito»). Come Martino V a Costanza, Alfonso Borgia venne eletto *per accessum* (o trasferimento dei voti), una pratica ereditata dal Senato romano.[10] Ciò significa che non essendo stata raggiunta la maggioranza dei due terzi, i cardinali ebbero la possibilità di cambiare il proprio voto e darlo a un altro dei cardinali che ne avevano già ottenuti. Una volta eletto papa, Borgia prese il nome di Callisto III.

Il suo pontificato fu breve e durò dall'aprile 1455 all'agosto 1458. Durante quel periodo cercò di ristabilire la pace e la concordia tra i principi italiani. Il suo progetto più ambizioso fu quello di organizzare una crociata per cacciare i turchi dall'Europa (Costantinopoli

[9] Ivan Cloulas e Vito Castiglione-Minischetti (a cura di), *Mémoires d'un pape de la Renaissance. Les Commentarii de Pie II*, Tallandier, Paris 2001, p. 92.

[10] Gaetano Moroni, *op cit.*, t. XXI, 1843, p. 240 e Niccolò Del Re, «Accessi (accessus)», in Niccolò Del Re, *op. cit.*, p. 22.

era stata presa da Maometto II nel 1453). Ma nonostante le somme considerevoli che vi furono dedicate e l'intensa attività diplomatica intrapresa, la crociata fu un successo solo a metà: Belgrado venne liberata nel 1456 e la flotta turca sconfitta a Metellino (Mitilene) l'anno successivo, ma Costantinopoli non venne riconquistata.

LA BRILLANTE CARRIERA DI RODRIGO

Già prima dell'ascesa al papato, Callisto III Borgia praticò, come altri prima di lui, un nepotismo sistematico in favore dei propri nipoti. Questa pratica, che sarà istituzionalizzata nel secolo successivo con il titolo di *cardinale nipote*, non era un semplice favoritismo segnato da un eccessivo attaccamento ai legami di sangue (la *carnalità*, si diceva al tempo). Era anche una strategia di consolidamento del potere, come ha ben analizzato lo storico Léonce Celier a proposito di Alessandro VI: «Il desiderio di assicurarsi dei luogotenenti che gli dovessero tutto e che gli fossero completamente devoti; l'ambizione di perpetuare per quanto possibile il prestigio del proprio nome e legarvi almeno una parte del proprio potere».[11] A ciò si aggiunge il fatto che in quel tempo i figli di un sacerdote, di un vescovo o di un papa erano considerati suoi nipoti (*filii presbyterorum nepotes vocantur*).

Alfonso Borgia da quando era stato nominato cardinale si era impegnato a proteggere, favorire e far promuovere due dei suoi nipoti, tra loro cugini: Lluís Joan del Milà e Rodrigo Borgia (il futuro Alessandro VI). Dal 1447, quando Rodrigo aveva 16 anni, erano stati dotati di un primo beneficio ecclesiastico a Játiva, loro città di origine. L'anno successivo erano stati nominati canonici della cattedrale di Valencia, diocesi diretta dallo zio cardinale, che si era interessato anche della loro istruzione. Così, dopo solidi studi umanistici a Roma, erano stati mandati a studiare legge all'università di Bologna, dove furono entrambi nominati nel 1455 dottori *in utroque jure*, come lo zio prima di loro.

[11] Léonce Celier, «Alexandre VI et ses enfants en 1493», *Mélanges d'archéologie et d'histoire*, XXVI, 1906, p. 319.

L'ascesa di quest'ultimo al pontificato accelerò le loro carriere. In effetti Callisto III, incoronato il 20 aprile 1455, il 10 maggio (ossia venti giorni dopo) nominò protonotario apostolico Rodrigo, che divenne il terzo decano della chiesa di Santa Maria. Il 20 febbraio 1456 Callisto III creò *in pectore* (senza rendere pubblici i loro nomi) tre cardinali: i due nipoti, Rodrigo Borgia e Lluís Joan del Milà, oltreché l'infante Jaime del Portogallo. I loro nomi furono annunciati solamente in occasione del primo concistoro pubblico, riunito il 17 settembre successivo. Avevano tutti intorno ai venticinque anni. Come noterà il cardinale Francesco Todeschini Piccolomini (il futuro Pio III), che da parte sua sarà fatto cardinale pochi mesi dopo, «nonostante l'eccellenza delle loro origini, erano tutti così giovani che, non a torto, alcuni dicevano scherzando che come numero di anni facevano appena l'età di un solo cardinale in tre. Era evidente che fossero stati scelti come cardinali non uomini che potevano servire la Chiesa ma che potevano essere da lei serviti; è d'altra parte un errore diffuso quello di assegnare una dignità a un uomo e non un uomo a una dignità».[12] Inoltre il nuovo papa affidò a un altro dei suoi nipoti, il laico Pedro Luis Borgia (il fratello di Rodrigo), il governo di Castel Sant'Angelo e il titolo di capitano generale della Chiesa.

Quando venne fatto cardinale, Rodrigo Borgia non era ancora né sacerdote né diacono. Ciò non gli impedì di essere insignito di benefici e cariche importanti: nel dicembre 1456 fu nominato legato *a latere* e vicario generale del papa per la Marca Anconitana, nel maggio 1457 vice-cancelliere. Fu anche amministratore della diocesi di Girona a partire dal 1457 e amministratore della diocesi di Valencia dal 1458, tutte cariche lucrative che delegava altri a esercitare. Infine, ordinato diacono nel 1468, sacerdote nel 1471 all'età di quarant'anni e vescovo lo stesso anno, Rodrigo Borgia ricevette ancora l'amministrazione delle diocesi di Cartagine nel 1482, di Maiorca nel 1489 e di Eger (in Ungheria) nel 1491 prima di essere nominato arcivescovo di Valencia il 9 luglio 1492, solo pochi giorni prima della morte di papa Innocenzo VIII.

12 Ivan Cloulas e Vito Castiglione-Minischetti, *op. cit.*, p. 85.

Ma più di questi titoli e benefici, fu soprattutto la funzione di vice-cancelliere che occupò per trentacinque anni, dal 1457 fino all'ascesa al pontificato nel 1492, a renderlo una figura centrale nella Curia romana. In questo modo, sotto cinque papi successivi, fu capo della cancelleria, ovvero dell'amministrazione che redigeva e inviava i documenti pontifici: scritti, lettere di provvigione, lettere conciliari o anche risposte alle richieste. Il vice-cancelliere (il titolo di cancelliere sarà creato solamente con la riforma della Curia compiuta da Pio X nel 1908) era chiamato comunemente *dexter oculus* ("occhio destro") del papa.

PADRE DI MOLTI FIGLI

Il vice-cancelliere Borgia svolgeva le sue funzioni con serietà e aveva la reputazione di essere un gran lavoratore. Inoltre, aveva una fede solida che era stata definita «medievale»[13] e un'autentica pietà mariana. Ma era noto anche, fin dalla gioventù a Valencia, il suo amore per il lusso. Apprezzava molto le feste, la caccia e le frequentazioni femminili. Condivideva questi gusti con numerosi altri cardinali dell'epoca. Papa Pio II (Enea Silvio Piccolomini) cercò di combattere queste tendenze. Pontefice dal 1458 al 1464, uomo di grande cultura e protettore degli umanisti, desiderava anche ristabilire una certa austerità nel Sacro Collegio.

Per questo il 5 marzo 1460 ammonì i cardinali riuniti in concistoro. Come gli altri, il cardinale Borgia ascoltò i rimproveri e gli avvertimenti del papa: «Dobbiamo essere attenti, per quanto sia difficile, a eleggere candidati degni di tale carica. Ora, siamo sorpresi da una simile folla di candidati. Questa dignità è stata svilita eccessivamente, dal momento che perfino dei bambini ritengono sia loro dovuta. I nostri predecessori ne hanno eletti alcuni e hanno promosso molte persone indegne. [...] Si tratta anche di voi, che non osservate la dignità e la santità dovute a questo alto rango, dal momento che per il modo in cui vivete non sembrate affatto eletti al governo della Chiesa ma chiamati ai piaceri e alla gioia.

[13] Jean-Yves Boriaud, *Les Borgia. La pourpre et le sang*, Perrin, Paris 2020, p. 131.

Non evitate né la caccia, né gli spettacoli, né la compagnia delle donne. Organizzate festini più ricchi di quanto sarebbe opportuno, indossate abiti troppo lussuosi, siete pieni di oro e d'argento, avete più cavalli e servitori di quanti ne siano necessari. Pensate a scegliere dei candidati validi».[14]

Alcuni mesi dopo, Pio II indirizzò una lunga lettera di rimprovero al giovane cardinale Borgia, che all'epoca non aveva ancora trent'anni. Il papa soggiornava in quel tempo alle terme di Petriolo, in Toscana. Il giovane cardinale si trovava non lontano, a Siena. L'8 giugno aveva partecipato a una festa nei giardini di un notabile, Giovanni Bichi. Ora, anche il vecchio e ricchissimo cardinale francese d'Estouteville era presente alla festa che durò fino alle sei di sera. Si diceva che Rodrigo avesse folleggiato con ragazze e giovani donne. Le voci che arrivarono al papa sulla festa lo scandalizzarono e alcuni giorni dopo scrisse al cardinale Borgia disapprovandone la condotta. La lunga lettera in latino del papa, datata 11 giugno 1460, è nota.[15] Il vescovo di Roma rimproverava il giovane cardinale per la sua condotta e le imprudenze. Segnaliamo tuttavia che gli autori moderni hanno dato traduzioni di questo documento che spesso esagerano o distorcono le ammonizioni contenute nella lettera. Per esempio, un autore traduce la parola *chorearum* ("danze") con «orgia»…[16]

In ogni caso il cardinale Borgia rispose al papa minimizzando i fatti e spiegando che la festa in questione era in realtà il ricevimento seguito a un battesimo a cui era stato invitato. Pio II si mostrò allora meno severo ma «anche se è stato meno grave di quanto ci avevano riferito, ti esorto ad avere in futuro maggiore prudenza». Le preoccupazioni del papa non erano però infondate, dal momento che alcuni anni dopo il cardinale Borgia, che, ricordiamolo, non era ancora sacerdote, divenne padre per la prima volta. Nel 1467 gli

[14] Ivan Cloulas e Vito Castiglione-Minischetti, *op. cit.*, p. 199.

[15] Il testo integrale in latino della lettera è stato pubblicato da Augustin Clément, *Les Borgia. Histoire du pape Alexandre VI, de César et de Lucrèce Borgia*, Œuvre de Saint-Paul, Paris/Bar-le-Duc, 1882, pp. 579-581. Alle pagine 88-91 ne dà una traduzione fedele.

[16] Anny Latour, *Les Borgia. Textes choisis et présentés*, Julliard, Paris 1962, pp. 21-23.

nacque un primo figlio, chiamato Pedro Luis, da una donna il cui nome è ancora ignoto.[17] Verso il 1469-1470 divenne nuovamente padre, con la nascita di due figlie: Isabel e Girolama. Entrambe di madre ignota, erano sorelle o sorellastre, senza che si sapesse chi era nata prima. In seguito vennero al mondo altri quattro figli nati dalla relazione del cardinale con Vannozza Cattanei (1442-1518), una nobildonna che si sposò tre volte. Questi ultimi sono i più noti tra i figli di Borgia: Cesare, nato nel 1475, Giovanni nel 1476, Lucrezia nel 1478 o 1480, Goffredo nel 1481 o 1482.

Il cardinale non si disinteressò di questi figli illegittimi, anzi al contrario si occupò della loro educazione e istruzione. Va sottolineato che li trattò secondo il loro rango di nascita e senza considerare che erano nati da madri diverse. Il maggiore, Pedro Luis, visse tutta l'infanzia e la gioventù nel palazzo del padre a Roma. Nel 1481 papa Sisto IV lo legittimò come figlio del cardinale Rodrigo Borgia e di madre ignota. Nel 1483, quando aveva sedici anni, si trasferì in un altro palazzo. Destinato alla carriera militare, all'inizio prestò servizio nelle armate del re Ferdinando d'Aragona impegnate nella *Reconquista* del regno di Granada contro i musulmani. La sua partecipazione alla battaglia di Ronda, il 28 maggio 1485, gli valse il titolo di Grande di Spagna e in seguito venne nominato duca di Gandia.

Il secondo figlio di Borgia, Cesare, era destinato a una carriera ecclesiastica. Fin dall'età di sette anni, nel 1482, venne nominato protonotario apostolico. Ricevette presto diversi benefici a Játiva, paese di origine della famiglia Borgia, e in diverse città spagnole. A sedici anni, nel 1491, fu nominato vescovo di Pamplona. Naturalmente non era ancora né diacono né sacerdote e riceveva i benefici di queste diocesi senza dirigerle.

Il cardinale Borgia era all'epoca un personaggio potente, ricco e influente. Il cronista Jacopo da Volterra scriveva prima della sua

[17] La genealogia di papa Borgia stabilita da Christoph Weber, *Genealogien zur Papstgeschichte*, Anton Hiersemann, Stuttgart 2001, vol. 3, p. 79, è la più rigorosa, sebbene non sciolga tutte le questioni controverse.

elezione al pontificato: «È un uomo dalla mente pronta a tutto e di grande intelligenza; ha un linguaggio elegante e curato sebbene la sua conoscenza della letteratura non sia superiore alla media. È per natura scaltro e straordinariamente attivo nella gestione degli affari. La sua ricchezza è nota e ha un credito considerevole grazie alla conoscenza della maggior parte di re e principi. Possiede un palazzo tanto bello quanto arredato in maniera confortevole che si è costruito più o meno a metà strada tra ponte Sant'Angelo e Campo de' Fiori. Gode di enormi rendite provenienti da numerosi benefici ecclesiastici, da diverse abbazie in Italia e in Spagna e dai tre vescovati di Valencia, Porto e Cartagena; dicono che la carica di vice-cancelliere gli frutti da sola ottomila ducati l'anno».[18]

UN'ELEZIONE SIMONIACA?

Nel 1492 Rodrigo Borgia aveva già partecipato a quattro conclavi: quello del 1458 in cui fu eletto Pio II, quello del 1464 di Paolo II, quello del 1471 in cui divenne pontefice Sisto IV e quello del 1484 (dove Borgia era cardinale decano) con Innocenzo VIII. Quando si aprì il conclave del 1492, i meccanismi e le manovre di questa assemblea così particolare erano noti al cardinale.

Al conclave che iniziò il 6 agosto nella cappella Sistina parteciparono ventitré cardinali. Quattro erano assenti: due spagnoli e due francesi. All'inizio, come sempre, l'elezione del cardinale Borgia era tutt'altro che certa; non faceva per niente parte dei favoriti. Filippo Valori, l'ambasciatore di Firenze a Roma, scriveva prima dell'elezione che «i più quotati sono Carafa, Costa, della Porta e Zeno. [...] C'è anche chi vorrebbe il cardinale di Siena [Piccolomini] e chi il vice-cancelliere [Borgia]».[19] Dopo l'elezione lo stesso Valori dichiarò che «questa promozione è sopraggiunta contro ogni aspettativa».[20]

[18] Citato da Ludwig von Pastor, *Storia dei papi dalla fine del Medio Evo*, Desclée, Roma 1943.

[19] Lettera di Filippo Valori alla Signoria di Firenze del 25 luglio 1492, citata da Ferdinando La Torre, *Del conclave di Alessandro VI papa Borgia*, L.S. Olschki, Roma 1933, p. 50.

[20] Lettera di Filippo Valori alla Signoria di Firenze del 14 agosto 1492, pubblicata in Johannes Burckard, *Dans le secret des Borgia. Journal du cérémoniaire du Vatican (1492-1503)*, Tallandier, Paris 2003, p. 53.

Alcuni cronisti e contemporanei sorpresi dall'elezione moltiplicarono le accuse più o meno precise di simonia. Questa pratica, un peccato antico quanto la storia della Chiesa, prende il nome da "Simone il mago" che gli Atti degli Apostoli descrivono mentre offre del denaro a Pietro e Giovanni affinché gli diano il potere di trasmettere lo Spirito Santo attraverso l'imposizione delle mani. San Pietro protestò: «Il tuo denaro vada con te in perdizione, perché hai osato pensare di acquistare con denaro il dono di Dio» (Atti, 8, 20). Da allora la simonia indica l'atto di comprare o vendere un bene spirituale (sacramento e ordine sacro) in cambio di denaro o di un bene temporale. Nel corso dei secoli molti papi l'hanno condannata cercando di sradicarla attraverso severe sanzioni canoniche: Gregorio Magno, Gregorio VII, Alessandro III, Gregorio IX e anche Paolo II.[21]

In questo modo, diversi cronisti del XV secolo hanno riportato le promesse di benefici del cardinale Borgia e il denaro che fece distribuire durante il conclave. L'alsaziano Johannes Burckard, che fu maestro di cerimonia al servizio di più papi tra il 1484 e il 1506, ha elencato nel suo *Journal* le somme e i titoli che Alessandro VI avrebbe distribuito prima o dopo l'elezione. Prima «diede, in particolare, al frate bianco di Venezia [il cardinale Maffeo Gherardi, camaldolese, patriarca di Venezia], di recente elevato al cardinalato, cinquemila ducati in oro per avere il suo voto» e mandò alla casa del cardinale Sforza «quattro muli carichi di denaro che sarebbe stato, diceva, più al sicuro là che nella sua propria dimora. Quel denaro sarebbe stato in realtà dato ad Ascanio [Sforza] per ottenere i suoi voti».[22]

Per altre promesse fatte fece distribuire «subito dopo l'elevazione al papato» molti beni e benefici: «al cardinale [Giovanni Battista] Orsini il suo palazzo [Borgia a Roma], il castello di Monticelli e quello di Soriano. Nominò il cardinale Ascanio [Sforza] vice-cancelliere della Santa Chiesa Romana. Diede l'abbazia di San Benedetto di Subiaco con tutti i suoi castelli al cardinale [Giovanni] Colonna;

[21] A. Bride, «Simonie», *Dictionnaire de théologie catholique*, t. XIV, vol. 2, 1941, pp. 2141-2160.

[22] Johannes Burckard, *op. cit.*, pp. 42-43.

gli accordò anche il diritto di patronato su quell'abbazia e conferì questi diritti al cardinale e al suo casato in perpetuità. Al cardinale di Sant'Angelo [Giovanni Michiel] diede il vescovato di Porto con la torre e i beni che vi si trovavano, inclusa una cantina piena di vino. Al cardinale di Parma [Giovanni Giacomo Schiaffinati] diede la chiesa di Santa Maria in via Lata. Al cardinale [Giovanni Battista] Savelli Civita Castellana e la chiesa di Santa Maria di Maiorca».[23]

Anche il cronista Stefano Infessura, contemporaneo dell'evento, riporta lo stesso elenco con gli stessi identici termini[24] ma alcuni storici hanno messo in dubbio l'autenticità di certe affermazioni.[25] Senza entrare nel dettaglio delle promesse e degli impegni presi prima dell'elezione, segnaliamo tuttavia che il diplomatico e cronista Philippe de Commynes, che era in Italia nel 1495, raccolse alcune testimonianze che lo portarono a credere che «Escaigne» (sarebbe a dire il cardinale Ascanio Sforza) fosse stato «il principale artefice dell'elezione del cardinale Borgia e che «avesse orchestrato tutto».[26]

Burckard afferma inoltre che «solamente cinque cardinali non vollero nulla in cambio»: Carafa, Piccolomini, Costa, Della Rovere e Zeno, «solo loro rifiutarono delle gratifiche, sostenendo che i voti per l'elezione papale dovevano essere dati gratuitamente e non comprati con dei regali».[27] Anche Infessura riporta gli stessi nomi nel medesimo ordine.[28]

Va notato che tutti i beni e benefici distribuiti dal nuovo papa erano benefici e titoli che possedeva prima dell'elezione al pontificato e che non avrebbe potuto conservare una volta eletto. Alcuni storici ritengono che non si trattasse di atti di simonia in senso stretto quanto piuttosto di promesse *sub condicione*, in cui l'attribu-

[23] *Ibidem.*

[24] Stefano Infessura, *Diario della Città di Roma*, O. Tommasini (a cura di), Forzani, Roma 1890, pp. 276-282.

[25] Ludwig von Pastor, *op. cit.*

[26] Philippe de Commynes, *Mémoires*, t. II, Droz, Ginevra 2007, pp. 573-574.

[27] Johannes Burckard, *op. cit.*, p. 42.

[28] Stefano Infessura, *op. cit.*, p. 281.

zione del beneficio era vincolata al voto, che rispondevano spesso a suppliche e richieste degli stessi cardinali.[29]

D'altra parte elargire denaro per ottenere un voto è a tutti gli effetti una forma di corruzione. Ma in questa elezione, come scritto dallo storico spagnolo Batllori, esperto della famiglia Borgia, «si tratta solo di voci»:[30] alcuni cronisti riportano dei fatti non sostenuti da prove documentarie. Tanto più che a volte i fatti contraddicono le voci. Per esempio Gherardi, che avrebbe ricevuto del denaro per dare il proprio suffragio a Borgia, non ha mai votato per lui, ma sempre per Zeno, Michiel e Costa.

A lungo cronisti e storici hanno potuto riferire i risultati degli scrutini che hanno permesso al cardinale Borgia di essere eletto solamente in maniera incompleta e a volte contraddittoria. Ma nel 1909 lo storico tedesco Vinzenz Schweitzer ritrovò i risultati dei primi tre scrutini negli archivi vaticani. Tale documento dimostra che l'elezione di Rodrigo Borgia non fu affatto facile come si pensava.[31] In effetti il cardinale non figurava tra i papabili prima dell'ingresso in conclave, ovvero tra i cardinali che si riteneva più probabile potessero essere eletti. Al primo scrutinio i voti si dispersero tra dodici cardinali e alcuni ricevettero un solo voto. Borgia da parte sua ne ottenne 10, tra cui quelli di Sforza e Orsini, ritenuti "comprati", ma anche quelli di Carafa e Piccolomini, stimati per la loro rettitudine e le grandi virtù. Poi, dopo il terzo scrutinio, il cardinale Ascanio Sforza rivelò le proprie intenzioni e fece campagna per il cardinale Borgia, promettendo benefici a chi avrebbe votato per lui. Rodrigo entrò allora in competizione, in particolare con il cardinale Oliviero Carafa, buon teologo e giurista ma anche ex arcivescovo di Napoli.

[29] Ferdinando La Torre, *op. cit.*, pp. 74-77. Giovanni Battista Picotti contraddice questa analisi in «Nuovi studi e documenti intorno al papa Alessandro VI», *Rivista di storia della Chiesa in Italia*, V, n. 2, maggio-agosto 1951, pp. 169-262.

[30] Miguel Batllori, «Alejandro VI», in Quintín Aldea Vaquero, Tomás Marín Martínez, José Vives Gatell (sotto la direzione di), *Diccionario de historia eclesiástica de España*, t. I, Instituto Enrique Flórez, Madrid 1972, p. 37.

[31] Ferdinando La Torre, *op. cit.*, ha pubblicato l'esito di questi scrutini in una grande tavola sinottica.

Quest'ultimo aveva ottenuto 9 voti al primo turno (con l'*accessus*). L'ultima votazione si svolse nella notte tra il 10 e l'11 agosto. Divenuto papa, Borgia prese il nome di Alessandro VI.

Sarebbe sbagliato ritenere la sua elezione come interamente dovuta ai benefici promessi e al denaro distribuito. Essendo stato per trentacinque anni vice-cancelliere della Chiesa sotto quattro papi successivi, aveva grande esperienza nell'amministrazione e negli affari pubblici. Aveva reputazione di lavorare sodo ed era apprezzato dalla maggior parte dei sovrani e dei governi. I cardinali hanno quindi potuto ritenere che la scelta di un uomo di tale esperienza, nonostante le mancanze morali, fosse «buona e opportuna, specialmente in un momento in cui per il papato in Italia si ponevano questioni gravi e fondamentali, facendo sentire il bisogno di un sovrano capace ed energico».[32]

Una volta diventato papa, Alessandro VI praticò il nepotismo come i suoi predecessori, ma in una scala forse senza eguali. Ci limiteremo qui alle sole nomine al cardinalato, senza ricordare tutti gli innumerevoli titoli e cariche che attribuì a membri della sua famiglia o persone a lui vicine (i suoi segretari, per esempio). Durante il suo pontificato creò quarantatré cardinali nel corso di dieci concistori.[33] Un esame attento di queste designazioni mostra che sui quarantatré nuovi nominati otto erano membri della sua famiglia: un figlio (Cesare), due nipoti, tre cugini e due pronipoti.

È fuor di dubbio che alcune di queste nomine furono particolarmente infelici, come si può vedere nel caso di Cesare Borgia. Venne creato cardinale dal padre nel settembre 1493, quando aveva solo diciotto anni e non aveva ancora ricevuto né gli ordini maggiori né quelli minori. Sebbene fosse stato incaricato a più riprese di missioni importanti come legato pontificio, non ricevette mai l'ordinazione

[32] Ivi, p. 2.

[33] Conrad Eubel, *Hierarchia catholica medii aevi et recentioris aevi... ab anno 1431 usque ad annum 1503 perducta*, Regensberg, 1914; Vito Castiglione Minischetti e Ivan Cloulas, «Les cardinaux sous le pontificat d'Alexandre VI», in Johannes Burckard, *op. cit.*, pp. 445-458; Salvador Miranda, *The Cardinals of the Holy Roman Church* [online].

sacerdotale e la consacrazione episcopale. Al contrario volle ben presto lasciare lo stato ecclesiastico impostogli dal padre. Nel 1498 poté infine rinunciare al cardinalato e, l'anno seguente, a tutti i suoi titoli ecclesiastici e benefici. Ridotto allo stato laico, venne nominato conte e poi duca del Valentinois e del Diois dal re di Francia Luigi XII. Sposò Carlotta d'Albret (sorella del re di Navarra) e morì in battaglia nel 1507 a Viana in Spagna, all'età di trentuno anni.

Ma non tutta la famiglia Borgia era a immagine del tumultuoso e scandaloso Cesare. In effetti tra i cardinali Borgia vi fu Francesco che, nominato dallo zio nel 1500, lasciò il ricordo di un uomo di Chiesa pio e virtuoso. Si potrebbero ricordare anche i Borgia della generazione successiva, tra cui vi furono una santa fondatrice di conventi, Isabel (1498-1557), e suo nipote Francisco (1510-1572), il terzo Superiore Generale della Compagnia di Gesù canonizzato nel 1671.

DEPORRE IL PAPA?

La deposizione di papa Alessandro VI fu considerata in diverse occasioni per motivi differenti. Il re di Francia Carlo VIII, incoraggiato dai cardinali Della Rovere e Pérault, ebbe la tentazione di far deporre da un concilio papa Borgia, che sosteneva il re di Napoli, Alfonso II, e aveva dei rapporti segreti con il sultano Bayazid II.[34] Alla fine Carlo VIII giudicò più prudente non impegnarsi in un'azione che avrebbe incontrato l'opposizione dell'imperatore Massimiliano e di altri sovrani cattolici. Preferì negoziare un trattato con il papa.

Un altro progetto di deposizione, questa volta per motivi religiosi, venne da Savonarola. Il grande predicatore domenicano era convinto di aver ricevuto il carisma del profeta e una missione: lavorare alla *Renovatio Ecclesiae*, la riforma della Chiesa, partendo

[34] Ludwig von Pastor, *op. cit.*, t. V, p. 406; R. Zapperi, «Bucciardo, Giorgio», *Dizionario Biografico degli Italiani*, vol. 14, 1972; André Clot, *Soliman le Magnifique*, Fayard, Paris 1983, pp. 175-176; Yvonne Labande-Mailfert, *Charles VIII*, Fayard, Paris 1986, pp. 247-248; Robert Mantran (sotto la direzione di), *Histoire de l'Empire ottoman*, Fayard, Paris 1989, p. 107; Philippe de Commynes, *op. cit.*, pp. 573-574.

dalla riforma politica e morale di Firenze. Come ben spiegato da André Vauchez, in Savonarola «la profezia è il richiamo urgente e brutale alle esigenze concrete della Parola di Dio, da parte di un uomo ispirato, in risposta a una situazione di crisi dell'istituzione ecclesiastica, divenuta incapace, per la sua corruzione, di dare una risposta soddisfacente sul piano religioso ai problemi della cristianità».[35] Le sue prediche si fondavano tanto sulle *rationes fidei* ("le ragioni della fede") quanto sulle *rationes flagellorum* ("le ragioni delle punizioni divine"). Il 1° novembre 1494, mentre Carlo VIII si avvicinava a Firenze, Savonarola lo salutò come «l'eletto di Dio» che veniva per punire Firenze, Roma e l'Italia intera per le loro «scelleratezze, empietà, fornicazioni, usure e crudeltà».[36] I cinque scritti su Savonarola pubblicati da Alessandro VI e le sette lettere che il predicatore rivolse al pontefice mostrano che i rapporti tra i due erano complicati. Convocato a Roma da Alessandro VI nel luglio 1495, Savonarola rifiutò di recarvisi adducendo tre motivi: «È malato, corre il pericolo di essere assassinato dai suoi avversari durante il viaggio, deve proseguire il lavoro iniziato a Firenze».[37] Per due volte, l'8 settembre e il 16 ottobre 1495, il papa gli vietò di predicare. Poi, pochi mesi dopo, a seguito di una disamina dei suoi scritti da parte di alcuni teologi, Alessandro VI lo autorizzò nuovamente. Il rifiuto di Savonarola e dei religiosi del suo convento di unirsi alla nuova congregazione domenicana creata per unire i conventi toscani e di Roma portò infine alla sua scomunica il 20 maggio 1497.

Progettò allora di far convocare un concilio per intentare un processo al papa, deporlo e ristabilire l'ordine nella Chiesa. Cercò di prendere contatto con i principali sovrani della cristianità per coinvolgerli nel progetto ed esortarli all'azione. Si rivolse all'impera-

[35] André Vauchez, «L'Église catholique peut-elle canoniser Savonarole? Le point de vue de l'historien», *Bulletin de l'Académie royale de Belgique*, t. XIX, 2008, p. 9.

[36] Sermone pubblicato da Ivan Cloulas, *Savonarole*, Fayard, Paris 1994, p. 110.

[37] Cécile Terreaux-Scotto, «La désobéissance de Savonarole au pape Alexandre VI: une contestation religieuse pour un projet politique», in Agnès Morini (sotto la direzione di), *Papes et papauté. Respect et contestation d'une autorité bifrons*, Publications de l'université de Saint-Étienne, 2013 [online].

tore, al re di Francia, al re e alla regina di Spagna, al re di Inghilterra e a quello di Ungheria. Queste lettere non furono inviate, ma si è conservato il testo di tre di loro. Savonarola scrisse all'imperatore Massimiliano che la Chiesa era «senza pastore», «questo Alessandro VI non è affatto papa e non può esserlo in nessun modo. Dal momento che, oltre all'esecrabile crimine di simonia attraverso cui ha sottratto la tiara con un mercato sacrilego e con cui ogni giorno mette all'asta e conferisce ai migliori offerenti i benefici ecclesiastici, oltre ai suoi altri vizi noti a tutti che tacerò, dichiaro innanzitutto e affermo con assoluta certezza che quest'uomo non è cristiano, non crede nemmeno che esista un Dio, oltrepassa gli ultimi limiti di infedeltà ed empietà». Il predicatore dominicano esortava l'imperatore a riunire «in un luogo adatto e libero un concilio solenne che possa, senza ritardo, venire in soccorso delle anime in pericolo e della navicella di Pietro in perdizione».[38]

Il 17 marzo 1498 la signoria di Firenze gli vietò di predicare. L'aprile successivo un breve del papa autorizzò le autorità ad agire contro Savonarola: fu arrestato, giudicato e condannato al rogo il 23 maggio.

VELLEITÀ DI CONVERSIONE E RIFORMA

Mentre Savonarola lo interpellava pubblicamente e con forza nelle sue prediche, Alessandro VI, in seguito a un dramma personale, decise di intraprendere la riforma della sua vita e poi dell'intera Chiesa.

In quel periodo era stato profondamente scosso dalla morte brutale di uno dei suoi figli, Giovanni Borgia, duca di Gandia. Il 14 giugno 1497, di notte, al rientro da una cena a Roma, Giovanni fu assassinato e gettato nel Tevere. Non si seppero mai né il motivo dell'omicidio né l'identità dell'assassino e del possibile mandante. Il papa, come scritto da Burckard, «fu sconvolto fin nel profondo delle viscere. Con il cuore spezzato dal dolore, si chiuse in una stanza

[38] Lettera di Savonarola all'imperatore Massimiliano, pubblicata da Jourdain Hurtaud, «Lettres de Savonarole aux princes chrétiens et pour la réunion d'un concile», *Revue thomiste*, VII anno, n. 44, gennaio 1900, pp. 632-633.

e pianse molto. Il reverendissimo cardinale di Segorbe [Bartolomé Martí] e altri servitori di Sua Santità si presentarono alla porta della sua stanza. A forza di preghiere, suppliche e consigli, vennero a capo dell'ostinazione del pontefice, che dopo diverse ore aprì loro la porta e li lasciò entrare. Non mangiò né bevve nulla dalla sera di mercoledì 14 fino al sabato successivo e dal giovedì mattina fino alla domenica seguente non riposò nemmeno un'ora. Ciononostante, vinto dai consigli incessanti delle persone già citate, si sforzò infine di mettere un termine alle lacrime, in considerazione delle conseguenze nefaste che quel dolore poteva avere su di lui».[39]

Poi, il 19 giugno, nel concistoro riunito in presenza degli ambasciatori di Spagna, Napoli, Venezia e Milano, pronunciò un discorso che sembrò segnare una conversione radicale: «Non avremmo potuto subire un colpo più duro, perché amavamo il duca di Gandia più di ogni altra cosa al mondo. Avremmo sacrificato volentieri sette tiare per riportarlo in vita. Dio ci ha mandato questa prova per i nostri peccati, perché il duca non meritava una morte così orribile e misteriosa. [...] Che Dio perdoni l'omicida! Mentre Noi, Noi siamo decisi d'ora in avanti a pensare solo al Nostro emendamento e a quello della Chiesa. Questa riforma sarà affidata alle cure di sei cardinali e due uditori della rota. A partire da oggi, i benefici saranno conferiti solamente come ricompense di meriti acquisiti, senza altre considerazioni e su presentazione dei cardinali. Vogliamo rinunciare al nepotismo e iniziare la riforma da Noi stessi; poi passeremo agli altri membri della Chiesa e porteremo a termine l'opera».[40]

La commissione di riforma annunciata venne costituita. Comprendeva in particolare i cardinali Carafa, Costa, Pallavicino, Sangiorgio, Piccolomini e Riario. Si riunì inizialmente tutte le mattine al palazzo del Vaticano, poi con cadenza regolare ma meno frequente. I suoi lavori portarono a un importante progetto di riforma che comportava prescrizioni precise e severe. Queste indicazioni erano volte a mettere fine agli abusi e alle derive osservate nei decenni

[39] Johannes Burckard, *op. cit.*, pp. 236-237.
[40] Testo pubblicato da Ludwig von Pastor, *op. cit.*

passati, che si trattasse di comportamenti scandalosi di dignitari ecclesiastici, dell'accumulo di benefici o di pratiche simoniache. Alessandro VI tuttavia non promulgò mai questa bolla, che rimase lettera morta. Così, alla fine, la riforma della Chiesa fu rimandata. Allo stesso modo Alessandro VI non seppe mantenere i buoni propositi e cambiare vita. Per debolezza di carattere e trascinato dalle sue passioni, ebbe di nuovo relazioni carnali con diverse donne. Dopo l'effimera conversione nell'estate del 1497 ebbe anche altri figli.

Giulia Farnese merita una menzione a parte. Proveniente da una grande famiglia romana, era sorella di Alessandro Farnese, divenuto cardinale nel 1493. Giulia sarebbe stata l'amante del cardinale Borgia già prima di sposarsi con Orso Orsini, membro dell'illustre e potente famiglia romana. La sua relazione con il futuro papa sarebbe proseguita anche dopo l'elezione. Quattro mesi dopo l'incoronazione di Alessandro VI sarebbe venuta al mondo Laura, frutto della loro relazione, e in seguito da quest'unione adultera sarebbe nato un altro figlio, Giovanni. Mentre il papa era in vita, due cronisti, Burckard e Infessura, parlavano di Giulia Farnese come della *concubina papae* (la "concubina del papa"), non facendo altro che riportare la voce popolare che menzionava Giulia come la *sponsa Christi* (la "sposa di Cristo")!

Ma la natura stessa di questa relazione è stata messa in dubbio dagli storici con solide argomentazioni.[41] Oggi non si ritiene più nemmeno che Giulia Farnese fosse la madre di Giovanni, nato nel 1498. Due bolle pontificie che lo riguardano riportano informazioni contraddittorie: una lo definisce figlio di Cesare Borgia (quindi nipote del papa), l'altra figlio di Alessandro VI e di una *romana libera* (una donna di Roma, nubile), soprannominandolo l'*Infans Romanus*. D'altra parte è stato attestato un ultimo figlio del papa, Rodrigo. Nato nel 1503 da madre ignota, intraprese la carriera ecclesiastica ma morì prematuramente per un'epidemia mentre era abate di Cicciano di Nola.

[41] Giovanni Soranzo, «Il presunto scandalo di Giulia Farnese e Alessandro VI», in *Studi intorno a Papa Alessandro VI (Borgia)*, Vita e pensiero Editrice, Milano 1950, pp. 92-129.

Alcuni mesi dopo la morte di Alessandro VI nel 1503, dopo undici anni di pontificato, Niccolò Machiavelli ha menzionato il defunto papa ne *I decennali*. In quest'opera in versi in cui racconta «dieci anni di prove dell'Italia» ritrae «lo spirito d'Alessandro glorioso» con ironia:

«del qual sequirno le sante pedate:
tre sue familiari e care ancelle,
lussuria, simonia e crudeltate».[42]

Questi pochi versi hanno dato a lungo credito alla terribile reputazione di papa Borgia e la sua leggenda nera ha continuato ad alimentare l'immaginario di romanzieri e sceneggiatori fino ai giorni nostri. Il poeta Guillaume Apollinaire, nato a Roma e nipote di una guardia pontificia, ha narrato, secondo la sua espressione, «la storia romanzata» de *La Roma dei Borgia* (1914) in un racconto, senza esitare di fronte a nessuna esagerazione o inverosimiglianza, rendendo la Roma di quell'epoca addirittura la *civitas meretrix* (la "città prostituta").

Oggi la storiografia è più ragionata e ricca di sfumature. Si ritiene che il pontificato di Alessandro VI debba essere giudicato da un triplice punto di vista (come esercitò la carica di pontefice, il coinvolgimento nella politica italiana e il comportamento nel privato) e che una «storia limitata a uno solo di questi punti di vista sarà sempre parziale e falsa».[43] Ora, la politica di Alessandro VI in Italia sembra azzardata e incoerente, mentre la sua vita privata fu senza dubbio in totale contraddizione con la morale e le leggi della Chiesa. Ciononostante «svolse in maniera coscienziosa i suoi obblighi pontifici»: «Le accuse di eresia formulate nei suoi riguardi sono vere e proprie calunnie. Diede prova di autentico zelo nel preservare la purezza della fede, reprimendo in maniera efficace le tendenze eretiche in Boemia, Moravia e Lombardia. Diede il suo fermo sostegno a diversi

[42] Niccolò Machiavelli, *Decennali*, in *Tutte le opere*, Sansoni, Milano 1993.
[43] Miguel Batllori, *art. cit.*, p. 37.

ordini religiosi, in particolare quando nel 1493 riconobbe i Minimi di Francesco di Paola. Difese energicamente le libertà ecclesiastiche di fronte alle tendenze stataliste dei Paesi Bassi. Fu particolarmente devoto a sant'Anna e alla Vergine».[44]

FINE DELLA SIMONIA

Il conclave che portò all'elezione di Alessandro VI, ammesso che fosse stato realmente intaccato dalla simonia, fu uno degli ultimi di questo genere. Uno dei suoi successori, Giulio II (Giuliano Della Rovere), mise fine a questa pratica.

Il conclave che lo elesse nel 1503 fu beve. Fin dal primo giorno venne designato da 37 voti su 38. La rapidità dell'elezione fu dovuta alle promesse che aveva saputo fare prima dell'ingresso in conclave. Aveva riunito i cardinali spagnoli per promettere loro dei benefici. Aveva promesso a Cesare Borgia, il figlio di Alessandro VI, di restituirgli la carica di Capitano Generale della Chiesa.[45] Poi aveva radunato altri cardinali impegnandosi anche in questo caso ad assegnare loro dei benefici. Una volta eletto cambiò appena il proprio nome, passando da Giuliano a Giulio II, in riferimento, secondo alcuni, a Giulio Cesare, suo modello per le azioni militari che condusse.[46]

Questo papa guerriero, che sarà soprannominato *Il Terribile*, e grande costruttore, una volta eletto si mise «a organizzare la crescita costante delle entrate della cancelleria concedendo bolle di benefici, dispense e indulgenze, e confiscando l'eredità di prelati morti alla corte di Roma».[47] Ciononostante rimane il papa che, seppur eletto attraverso pratiche prossime alla simonia, ha stabilito regole più severe per porvi fine. Lo fece all'inizio del pontificato con la bolla *Cum tam*

[44] Justo Fernández Alonso, «Alexandre VI», in *DHP*, cit., pp. 72-73.

[45] Juan Maria Laboa, *La Storia dei Papi. Tra il Regno di Dio e le passioni terrene*, Jaca Book, Milano 2007, p. 243.

[46] Altri due papi del XVI secolo hanno conservato il loro nome di battesimo: l'olandese Adriano VI e l'italiano Marcello II. In seguito e fino ai nostri giorni nessun altro papa ha conservato il nome di battesimo.

[47] Ivan Cloulas, «Jules II», in *DHP*, cit., p. 982.

divino, pubblicata il 14 gennaio 1506, che condannava solennemente «il crimine di simonia che non deve essere commesso nell'elezione del pontefice romano». La simonia è definita come una designazione ottenuta in cambio di «doni, promesse o ricezione di denaro e beni di qualunque tipo: castelli, cariche o benefici, promesse e obbligazioni». Chi fosse stato eletto papa attraverso questo strumento avrebbe dovuto essere giudicato «apostata» ed «eresiarca», e nessuno avrebbe dovuto considerarlo «come pontefice romano» anche se incoronato. L'elezione avrebbe dovuto essere dichiarata «nulla», ossia invalida, e tutti (cardinali, vescovi, clero, fedeli) avrebbero dovuto rifiutare «obbedienza e devozione». Se necessario si sarebbe dovuto «chiedere aiuto al braccio secolare contro di lui». La bolla sanciva anche che i cardinali che avessero acconsentito alla simonia pontificia sarebbero stati «privati degli ordini, dei titoli e degli onori cardinalizi senza altra dichiarazione, così come anche delle altre prelature, dignità e benefici» a meno che facessero ammenda pubblica e onorevole entro otto giorni.[48]

Questa bolla datata gennaio 1506 fu pubblicata solamente nel 1510. Per dare maggiore autorità alla condanna, Giulio II ordinò che venisse adottata dal concilio ecumenico Laterano V che aprì nel 1513. Il testo della costituzione fu inserito durante la quinta sessione del concilio (il 16 febbraio 1513). Alcuni giorni dopo, presagendo la propria morte, il papa decise di confessarsi e ricevere l'estrema unzione. Chiese ai cardinali che lo circondavano di pregare per lui «perché aveva molto peccato e non aveva governato la Chiesa come opportuno». Li esortò, al momento di eleggere il suo successore, a «compiere un'elezione limpida e legittima», ricordandosi forse come si era svolta la propria.[49] Morì la notte successiva, il 21 febbraio.

48 Alcune edizioni sono datate 1505 e molti autori riprendono questa data. Mark Dykmans ha ristabilito la data esatta in «Le conclave sans simonie ou la bulle de Jules II sur l'élection papale», in *Miscellanea Bibliothecae Apostolicae Vaticanae*, Bibliotheca Apostolica Vaticana, Città del Vaticano 1989, t. III, pp. 203-255. Qui citiamo la bolla dal testo latino-francese pubblicato in Giuseppe Alberigo, *op. cit.*, t. II, vol. 1, pp. 1226-1233.

49 Juan Maria Laboa, *op. cit.*, p. 246.

In effetti la successione di Giulio II si svolse in un conclave senza simonia. Prima della sua apertura, il 10 marzo, venne letta la bolla in presenza dei cardinali. L'elezione fu molto rapida. Già l'11 marzo venne designato papa il cardinale Giovanni de' Medici, che prese il nome di Leone X diventando il primo dei tre papi provenienti dall'illustre famiglia fiorentina.

Sebbene fosse a tutti gli effetti un prodotto del nepotismo per alcuni aspetti, il primo papa Medici fu sicuramente un sovrano pontificio eletto senza simonia. Uno dei partecipanti al conclave, il cardinale Sigismondo di Gonzaga, anche lui membro di un'illustre famiglia, quella della casa ducale di Mantova, scrisse il giorno stesso della designazione: «Quest'elezione è stata pura come mai prima d'ora. Non è stata questione né di denaro, né di benefici, né di cariche, né di altre promesse o azioni sospette di simonia. Con la sua bolla papa Giulio II ha spaventato tutti a tal punto che nessuno ha osato contravvenire». La rapidità dell'elezione di Leone X non fu quindi dovuta a promesse da lui fatte ma a considerazioni di ordine spirituale e politico: «Il Sacro Collegio accarezzava la duplice speranza di vedere sulla cattedra di Pietro un sacerdote dai costumi puri che avrebbe messo fine agli scandali dei tre pontificati precedenti e, considerato che i Medici erano tornati a Firenze dal 1512, una personalità con un potere politico ed economico che avrebbe permesso di cacciare spagnoli e francesi da Napoli e Milano».[50]

In seguito diversi papi rinnovarono la condanna solenne della simonia nel XVI, XVII e XVIII secolo: Pio IV, Sisto V, Clemente VIII, Gregorio XV, Innocenzo XI e Benedetto XIV. Nel XX secolo papa Pio X, nella sua grande costituzione sulla vacanza della Sede apostolica e l'elezione pontificia datata 25 dicembre 1904, mantenne naturalmente la condanna del «peccato di simonia, abominevole nel diritto divino come in quello umano». Tuttavia, pur conservando la condanna di scomunica *latae sententiae* (ossia una scomunica automatica, senza che vi fosse bisogno di un processo), abrogò

[50] François Fossier, «Léon X», in *DHP*, cit., p. 1028.

invece «l'invalidità dell'elezione per simonia» per, come diceva la costituzione, «evitare un pretesto per combattere la validità dell'elezione del pontefice romano».[51] Un'elezione simoniaca sarebbe valsa la scomunica all'eletto e a coloro che vi avevano contribuito ma non sarebbe stata giudicata invalida.

[51] Costituzione *Vacante Sede Apostolica* (1903), pubblicata in *Documents pontificaux de Sa Sainteté saint Pie X*, Publications du «Courrier de Rome», Versailles 1993, t. I, 1903-1908, pp. 241-242.

5 · EVITARE UN PAPA INGLESE: GIULIO III E I 71 SCRUTINI (1549-1550)

Carlo V (1500-1558) fu il sovrano più potente della prima metà del XVI secolo. Erede di quattro dinastie, era arciduca d'Austria ma anche re d'Ungheria, di Boemia, di Napoli, di Castiglia e d'Aragona. Era inoltre a capo dell'impero coloniale spagnolo e possedeva le diciassette province dei Paesi Bassi e della Franca Contea. Infine fu eletto imperatore del Sacro Romano Impero Germanico nel 1519. Forte del suo immenso potere, influenzò o provò a influenzare diversi conclavi.

Alessandro Farnese era stato eletto papa nel 1535 con il nome di Paolo III grazie al suo sostegno. Quando dieci anni dopo, il papa aveva aperto il XIX concilio ecumenico a Trento, in terra imperiale, Carlo V aveva provato a controllare l'assemblea. E quando il papa aveva trasferito il concilio a Bologna, l'imperatore aveva protestato e ordinato ai vescovi provenienti dall'Impero di rimanere a Trento.

Paolo III morì il 10 novembre 1549, a ottantadue anni, dopo quindici anni di pontificato. Il conclave che si aprì il 29 novembre sarebbe stato uno dei più lunghi e difficili del XVI secolo. È stato spesso definito come «il conclave forse più straordinario del XVI secolo» e come «l'esempio più chiaro e solidamente documentato di intervento politico nell'elezione papale».[1] Ma al di là delle vicissitudini dovute in larga parte all'intrusione di potenze temporali,

[1] Frederic J. Baumgartner, «Henry II and the Papal Conclave of 1549», *The Sixteenth Century Journal*, vol. 16, n. 3, 1985, p. 301.

il concilio di Trento sembrò, già dopo una sessione, un momento fondamentale per la riforma della Chiesa. Durante il conclave si assistette anche alla «guerra dei due santi», secondo l'espressione del conclavista Matteo Dandolo che definiva in questo modo due cardinali ferventi sostenitori della riforma della Chiesa, l'inglese Reginald Pole e l'italiano Gian Pietro Carafa (futuro Paolo IV).[2]

Nel 1549, quindi, Carlo V cercò nuovamente di influenzare la scelta dei cardinali. Ci fu un momento in cui a Roma si temette perfino che «l'imperatore facesse eleggere un papa dal "concilio" rimasto a Trento».[3] Anche Enrico II provò a imporre un candidato favorevole alla Francia. E per un valido motivo: «L'Italia era all'epoca una delle principali aree di conflitto tra i Valois e gli Asburgo e ottenere il sostegno pontificio era essenziale per entrambe le dinastie».[4] A quel tempo il papato stesso cercava di conciliare politica temporale e spirituale. Il consolidamento di quello che è stato a lungo chiamato "Patrimonio di San Pietro" e poi "Stato Pontificio" era altrettanto importante agli occhi dei papi quanto la necessaria riforma della Chiesa intrapresa secondo diverse modalità.

Lo svolgimento del conclave del 1549-1550 è noto grazie a numerose fonti, edite o inedite: la corrispondenza tra l'ambasciatore di Francia a Roma Claude d'Urfé e re Enrico II di Valois;[5] il diario di Bartolomeo Stella, uno dei conclavisti del cardinale Pole;[6] le lettere

2 Thomas F. Mayer, «The War of Two Saints, the Conclave of Jules III and Cardinal Pole», in *Cardinal Pole in European Context*, Ashgate Variorum, Aldershot 2000, pp. 1-21.

3 Alain Tallon, «Le "parti français" lors des conclaves de 1549-1550 et de 1555», in Bernard Barbiche, Jean-Pierre Poussou e Alain Tallon (sotto la direzione di), *Pouvoirs, contestations et comportements dans l'Europe moderne*, Presses de l'université Paris-Sorbonne, Paris 2005, p. 107.

4 Ivi, p. 101.

5 *Lettres et mémoires d'Estat des roys, princes, ambassadeurs et autres ministres, sous les règnes de François Ier, Henri II et François II*, pubblicati da Guillaume Ribier, consigliere di Stato, Paris, t. II, 1666, pp. 252-264. Tutte le lettere scambiate tra d'Urfé, Enrico II e i cardinali francesi saranno citate sulla base di quest'edizione.

6 Pubblicato da Thomas F. Mayer e Peter A. Starenko, «An Unknown Diary of Julius III's Conclave by Bartolomeo Stella, a Servant of Cardinal Pole», in *Cardinal Pole in European context*, cit., t. V, pp. 345-375.

di Diego Hurtado de Mendoza, ambasciatore di Carlo V a Roma;[7] le lettere di Averardo Serristori, ambasciatore a Roma di Cosimo I duca di Firenze;[8] le memorie inedite redatte dopo l'elezione dal cardinale Carlo di Guisa per giustificare la propria condotta come capo del "partito francese" durante il conclave;[9] il rapporto stilato nel 1551 da Matteo Dandolo, ambasciatore di Venezia a Roma;[10] infine, una relazione anonima, in italiano e inedita del conclave conservata presso la biblioteca Mazarine.[11]

Nel 1549 il Sacro Collegio contava cinquantaquattro cardinali. Dopo gli italiani, i francesi erano i più numerosi. Erano quattordici. Alla morte di Paolo III a inizio novembre solamente due erano presenti a Roma (Sanguin de Meudon e d'Armagnac). La maggior parte degli altri era ancora in viaggio verso la Città Eterna. Il 18 novembre Enrico II scriveva al suo ambasciatore a Roma di auspicarsi che l'elezione del futuro papa non «fosse affatto precipitosa, né svolta prima che i cardinali di qui [cioè francesi] fossero arrivati per assistervi ed entrati con gli altri in conclave». Se l'elezione fosse stata compiuta prima dell'arrivo dei cardinali francesi mancanti, il re avrebbe dato pieni poteri all'ambasciatore affinché sollevasse «proteste di invalidità di tale elezione». In un primo momento l'ambasciatore di Francia a Roma, Claude d'Urfé, riuscì, con l'aiuto del cardinale d'Este, un amico della Francia, a far rimandare i funerali del papa per ritardare l'apertura del conclave.

7 Pubblicate con altri documenti da Auguste von Druffel, *Beiträge zur Reichsgeschichte, 1546-1551*, Rieger, Munich 1873, pp. 304-359.

8 Giuseppe Canestrini (a cura di), *Legazioni di Averardo Serristori, ambasciatore di Cosimo I a Carlo quinto in corte di Roma (1537-1568)*, Felice Le Monnier, Firenze 1853, pp. 207-229.

9 *Mémoire du cardinal de Guise*, s.d., Bibliothèque nationale de France, Département des Manuscrits, Fr. 3126, ff. 11-18.

10 Matteo Dandolo, *Relazione di Roma (1551)*, pubblicata in *Relazioni degli ambasciatori Veneti al Senato*, Eugenio Alberi (a cura di), Società Editrice Fiorentina, Firenze, serie II, vol. 3, 1846, pp. 333-363.

11 *Conclave del anno 1549 nel quale fu creato Sommo Pontefice il card. di Monti, detto Giulio III*, Bibliothèque Mazarine, Ms. 1655, ff. 1-24.

Le congregazioni generali che lo precedettero si svolsero a partire dal 10 novembre 1549, giorno della morte del papa. Riunite sotto la presidenza del cardinale Sforza di Santa Fiora, camerlengo, si occuparono dell'organizzazione dei funerali del papa defunto (che si tennero il 13 novembre), dell'inventario dei beni da lui lasciati (per esempio, nella cassaforte di Castel Sant'Angelo furono trovati 400.000 scudi),[12] e della preparazione del conclave che si sarebbe aperto alla fine del mese. È per questo che i cardinali si riunirono solamente il 29 novembre.

Nel XVI secolo il susseguirsi dei conclavi diede luogo, a Roma, a una pratica che non aveva niente di religioso: le scommesse sul nome del futuro papa, e perfino sulla durata della riunione.

La popolazione ne era appassionata e, si diceva, anche alcuni cardinali. Si trattava di un sistema ben organizzato, con intermediari in contatto con le banche romane.[13] Il conclave del 1549 non sfuggì al fenomeno. Appena annunciata la morte di Paolo III, secondo la testimonianza dell'ambasciatore Dandolo si moltiplicarono le scommesse sul nome del successore. Dandolo sottolineò che il cardinale Pole era già il favorito della strada: «Le scommesse sono date dai banchieri ventiquattro a uno per l'Inghilterra [Pole] e nessun altro cardinale ha altrettante possibilità». In effetti il cardinale Pole fu in testa fin dall'inizio delle votazioni poche settimane dopo.

TRE «FAZIONI»

Ben presto l'assemblea si trovò divisa in tre «fazioni», anche chiamate «bande» o «partiti» secondo le espressioni dell'epoca. Ognuna aveva uno o più candidati da promuovere.

[12] Cifra citata da John Paul Adams, professore presso l'Università di Northridge (California), nel suo ricchissimo sito *Notes on Papal Elections and Conclaves from the 11th to the 21st Centuries*.

[13] Si veda Jean Delumeau, *Vie économique et sociale de Rome dans la deuxième moitié du XVIe siècle*, Paris, E. de Boccard, 1957-1959, 2 vol. e Renaud Villard, «Le conclave des parieurs. Paris, opinion publique et continuité du pouvoir pontifical à Rome au XVIe siècle», *Annales HSS*, marzo-aprile 2009, n. 2, pp. 375-403.

Il "partito imperiale" riceveva istruzioni dall'imperatore Carlo V. Riuniva i cardinali spagnoli, quelli provenienti dal Sacro Romano Impero Germanico e alcuni italiani (ossia ventidue cardinali in totale). Carlo V aveva indicato chiaramente chi voleva fosse eletto papa: all'inizio il cardinale Pole, poi il cardinale Álvarez (arcivescovo di Burgos), e come terza scelta il cardinale Rodolfo Pio da Carpi (un ex legato).

Il cardinale inglese Reginald Pole era in esilio a causa dell'opposizione al nuovo matrimonio di Enrico VIII d'Inghilterra e della sua ostilità alla politica religiosa del re. Teologo di grande fama, con i cardinali Sadoleto e Contarini era stato uno degli uomini più in vista dei cosiddetti *spirituali*, che dalla riforma della Chiesa si aspettavano un rinnovamento spirituale e una maggiore interiorizzazione della fede. Inoltre, all'inizio del suo pontificato, Paolo III aveva creato una commissione ristretta incaricata di formulare delle proposte per riformare la Chiesa. Erano stati nominati quattro cardinali (Contarini, Sadoleto, Carafa e Pole), tre vescovi residenti (gli arcivescovi di Salerno e di Brindisi, il vescovo di Verona), il padre abate del monastero benedettino San Giorgio Maggiore di Venezia e il maestro del Sacro Palazzo apostolico. Questa commissione aveva consegnato nel 1537 un lungo rapporto che venne in seguito stampato con il titolo di *Consilium delectorum cardinalium & aliorum Parelatorum de emendanda Ecclesia* e si diffuse rapidamente.[14] Il rapporto segnalava in maniera sistematica gli "abusi" che sfiguravano la Chiesa e scandalizzavano i fedeli: tra gli altri, l'accumulo di benefici, l'assenteismo dei cardinali della Curia, la decadenza degli ordini religiosi (*multi deformati sunt*) e la diffusione di un «insegnamento empio» da parte di «numerosi professori di filosofia» nei collegi (in particolare in Italia). Questo rapporto aveva ispirato la parte disciplinare del programma del concilio di Trento che si era aperto nel 1545. Il cardinale Pole era stato anche uno dei tre cardinali incaricati di guidare il concilio in nome del papa.

[14] La Biblioteca Nazionale di Francia ha due edizioni di questo rapporto stampato in latino: una pubblicata a Colonia, l'altra a Strasburgo, entrambe del 1538.

Il partito francese raggruppava i cardinali francesi e alcuni italiani tra cui il cardinale d'Este, detto il cardinale di Ferrara (figlio del duca di Ferrara e di Lucrezia Borgia, una delle figlie di papa Alessandro VI), e il cardinale Giovanni Maria Ciocchi del Monte. Questo partito guidato dal giovane cardinale Carlo di Guisa, che aveva venticinque anni, avrebbe potuto riunire una ventina abbondante di voti, ma i cardinali francesi «non formano un corpo omogeneo e riproducono volentieri al loro interno le lotte tra le fazioni che agitano la corte».[15] Enrico II aveva indicato chiaramente le sue preferenze per l'elezione che stava per aprirsi. Aveva nominato «ognuno secondo il suo grado» (ossia nell'ordine) i tre cardinali che gli erano «più graditi».[16] Auspicava come prima scelta l'elezione del cardinale Giovanni di Lorena, di cinquantadue anni. Figlio del duca di Lorena, vescovo di Metz, amministratore delle diocesi di Narbona, di Agen e di Nantes, era stato uno dei principali consiglieri di Francesco I. Fine letterato e mecenate, aveva a cuore la riforma della Chiesa, come dimostrato dalle nomine che aveva favorito: Hector d'Ailly, un ecclesiastico di grande cultura, nominato vescovo di Toul, e Nicolas Psaume, uno dei grandi prelati riformisti del XVI secolo, nominato a Verdun.[17] Se l'elezione del cardinale Giovanni di Lorena si fosse rivelata impossibile, il re di Francia aveva indicato all'ambasciatore d'Urfé i suoi altri preferiti: il cardinale d'Este e poi il cardinale Ridolfi, vescovo di Vicenza. In mancanza di questi tre si sarebbe dovuto, scriveva Enrico III, fare «in modo che, se non si può avere un papa devoto e affezionato a questa Corona [la Francia], cosa per cui sono certo ognuno di voi lavorerà al meglio, almeno ce ne sia uno del tutto devoto alla Chiesa e al dovere della sua carica, per essere padre comune e neutrale verso i Principi cristiani».

15 Alain Tallon, *art. cit.*, p. 110.

16 *Mémoire du cardinal de Guise*, *ms. cit.*, f. 11*r*.

17 Paulette Choné, «Jean de Lorraine (1498-1550), cardinal et mécène», in Frédérique Lemerle, Yves Pauwels, Gennaro Toscano (sotto la direzione di), *Les Cardinaux de la Renaissance et la modernité artistique*, Publications de l'Institut de recherches historiques du Septentrion, Villeneuve-d'Ascq 2009, pp. 89-104.

Infine, c'erano i farnesiani, ossia il "partito Farnese", che riuniva i cardinali imparentati con il defunto papa Paolo III Farnese e le sue "creature" (un certo numero di cardinali che erano stati creati da lui). Questo partito contava non meno di tre nipoti di Paolo III: il cardinale Alessandro Farnese, vice-cancelliere; il cardinale Ranuccio Farnese, penitenziere maggiore e arciprete della basilica di San Giovanni in Laterano; e Guido Ascanio Sforza, camerlengo. Per via della loro giovane età, dal momento che avevano rispettivamente ventinove, diciannove e trentun anni, nessuno di loro poteva ambire al pontificato, ma il clan Farnese poteva mobilitare «nove o dieci voti» secondo l'ambasciatore di Francia. I farnesiani intendevano attivarsi per far eleggere papa uno dei quattro cardinali che Paolo III aveva designato tre anni prima come papabili: Pole, «superiore agli altri per nobiltà, bontà e dottrina», Salviati, Gaddi e Ridolfi.

Alla vigilia del conclave del 1549 vi erano anche alcuni cardinali indipendenti, che non appartenevano a nessuna fazione ma la cui autorità poteva esercitare un'influenza decisiva. Era questo il caso del cardinale Gian Pietro Carafa, che aveva iniziato la carriera ecclesiastica nel segno del nepotismo. Nel 1506 era divenuto vescovo di Chieti, sede che prima di lui avevano occupato lo zio Oliviero e poi il cugino Bernardino. Era però diventato un ardente riformatore, avendo fondato nel 1524, con Gaetano Thiene, Bonifacio De' Colli e Paolo Consiglieri, l'ordine dei Chierici regolari, una congregazione di sacerdoti che vivevano una vita comunitaria dedicandosi al ministero parrocchiale. Questi religiosi erano correntemente chiamati teatini, dal nome latino di Chieti, Theate, e il cardinale Carafa era abitualmente soprannominato *Teatino*. Arcivescovo di Napoli da pochi mesi, era senza dubbio anche uno dei prelati più legati alla riforma della Chiesa. Secondo la testimonianza del cardinale di Guisa, Carafa fu uno dei «pretendenti al papato» che aspettavano l'arrivo dei cardinali francesi sperando nel loro appoggio.[18] Come vediamo, alcuni cardinali potevano contare sul sostegno di due fazioni, ma ognuna di esse aveva anche le proprie esclusive (i nomi di coloro di cui andava impedita

[18] *Mémoire du cardinal de Guise, ms. cit.*, f. 11*v*.

l'elezione). Così Carlo V e il partito imperiale non volevano a nessun costo un papa francese ed erano ostili al cardinale del Monte per il modo in cui aveva presieduto il concilio di Trento e organizzato il suo trasferimento a Bologna. Da parte loro, Enrico II e il partito francese non volevano assolutamente che l'inglese Pole ascendesse al pontificato. Queste esclusive impedirono a lungo che si raggiungesse la maggioranza di due terzi necessaria per l'elezione.

IL CARDINALE POLE FAVORITO E ACCUSATO

All'apertura del conclave, giovedì 29 novembre 1549, c'erano solo quarantadue cardinali su cinquantaquattro. Solamente tre francesi su quattordici erano presenti, mentre gli altri erano in viaggio verso l'Italia. La messa dello Spirito Santo fu cantata nella basilica di San Pietro, poi Giovanni Beraldo, vescovo di Telese, pronunciò il tradizionale sermone *De eligendo Summo Pontifice*.

Solo nella serata del 30 novembre furono solennemente sigillate le porte del conclave, dopo che sette persone senza alcun motivo di trovarsi nello spazio riservato al conclave ne furono espulse. La fazione degli imperiali avrebbe voluto procedere a una votazione fin dalla prima sera. Sarebbe stato a loro vantaggio dal momento che la maggior parte dei cardinali francesi non erano arrivati. Ma le altre fazioni e i cardinali indipendenti si opposero. Non ci fu quindi nessuna votazione quel giorno né i successivi. Le prime giornate del conclave furono ancora dedicate alle congregazioni generali che stabilirono le capitolazioni elettorali, ovvero le procedure e regole da seguire nell'elezione.

Durante la congregazione generale del 3 dicembre venne brandita la minaccia di un processo contro il cardinale Pole per le sue «eresie».[19] Come vedremo, l'accusa sarebbe stata ripresa in maniera formale due giorni dopo. Il 3 dicembre stesso la congregazione decise che le votazioni si sarebbero svolte a scrutinio segreto e che dopo il primo turno si sarebbe potuto procedere *per accessum*, ciò significava che una volta effettuato lo scrutinio i cardinali avrebbero

[19] Thomas F. Mayer, *art. cit.*, p. 10.

potuto spostare il proprio voto su un candidato diverso da quello che avevano inizialmente scelto. In questo modo a ogni scrutinio il numero totale dei voti avrebbe superato quello dei votanti.

Le votazioni iniziarono il 4 dicembre 1549. In totale sarebbero serviti più di tre mesi e settantuno scrutini affinché si eleggesse un papa.[20] Al primo scrutinio Pole ottenne 21 e poi 24 voti, tra cui in particolare quelli di alcuni cardinali del partito imperiale e quelli del partito Farnese. Era vicino a ottenere i due terzi dei voti necessari per essere eletto, ossia in quel momento 28 voti su 42 votanti. Ma il partito imperiale aveva disperso i propri suffragi, con 16 cardinali che avevano votato per il cardinale Álvarez, altro favorito di Carlo V. Carafa, con 10 voti, sembrò fin dal primo turno seriamente *papabile.*

La sera della prima votazione il partito Farnese e quello degli imperiali si misero d'accordo per far eleggere Pole *per acclamazione* (o *adorazione*). I cardinali si sarebbero riuniti nella Cappella Sistina e avrebbero acclamato Pole come papa *por via de Spiritu Sancto* ("per opera dello Spirito Santo"), scrive l'ambasciatore Mendoza. Ma Pole rifiutò, rispondendo che voleva ascendere al pontificato non *per fenestram sed per ostium* (non «dalla finestra, ma dalla porta»).[21]

Informato di questi primi eventi, l'ambasciatore di Francia si recò la mattina del 5 dicembre alla porta del conclave per incontrare il maestro di cerimonia e incaricarlo di trasmettere un avvertimento ai cardinali. Esigeva che si aspettasse l'arrivo di tutti i prelati francesi, che credeva a quel punto in Corsica anche se non ne sapeva nulla, prima di proseguire le votazioni. Ricordò che se il papa fosse stato eletto in loro assenza, Enrico II non avrebbe riconosciuto valida l'elezione. Ma la protesta e le minacce dell'ambasciatore francese non ebbero alcun effetto, dal momento che le votazioni proseguirono.

Secondo le memorie conservate presso la biblioteca Mazarine, il 5 dicembre stesso, prima dello scrutinio del giorno, il cardinale

[20] Il risultato delle votazioni successive è noto grazie alle diverse fonti già citate, che forniscono a volte cifre differenti ma che concordano in generale sulle date e si completano a vicenda.

[21] Risposta riferita dall'ambasciatore Dandolo nel suo *Relazioni*, cit., p. 346.

Carafa «accusò pubblicamente di eresia» Pole. Anche l'ambasciatore Mendoza riferisce che «il cardinale Teatino» (cioè Carafa) fece un vero e proprio «processo» al cardinale Pole, sottolineando in più punti «alcuni errori» nei suoi scritti. Quest'accusa formalizzava in modo brutale una controversia di lunga data sulla dottrina della giustificazione della fede. Il concilio di Trento aveva elaborato un decreto, in contrasto con la dottrina luterana della salvezza attraverso la sola fede (*sola fide*), in cui si affermava che il fedele poteva salvarsi non solo per mezzo della fede, ma anche attraverso le buone azioni compiute. Ora, il cardinale Pole aveva lasciato il concilio di Trento prima del voto e della promulgazione del decreto, il che sembrava indicare che fosse in disaccordo con la dottrina insegnata. Quest'assenza aveva naturalmente scandalizzato gli intransigenti[22] che avevano per altro messo in discussione la concezione di unità della Chiesa espressa da Pole in un trattato redatto per Enrico VIII.[23]

Il cardinale Pole rispose a Carafa con argomentazioni prese dalle Sante Scritture. Riuscì a convincere la maggioranza dei cardinali dell'ortodossia della propria fede e il numero elevato di voti che ottenne per tutto il conclave dimostra come fosse stimato da gran parte del Sacro Collegio. Arrivò in testa per tre giorni di seguito: 25 voti il 5 dicembre, 26 voti il 6, 22 voti il 7. Ciononostante l'8 dicembre l'altro candidato degli imperiali, Álvarez, lo superò con 25 voti. Pole ripassò in testa al sesto scrutinio, lunedì 9 dicembre, con 22 voti più 2 *per accessum*, senza che Álvarez perdesse tutti i suoi sostenitori (14 voti più 1 *per accessum*).

Una delle novità di questo scrutinio fu l'emergenza discreta del cardinale del Monte, che sarebbe stato eletto papa solamente due mesi più tardi. Fatto cardinale nel 1536, era stato uno dei tre legati del papa all'apertura del concilio di Trento e l'aveva presieduto dal dicembre 1545 al marzo 1547, poi, quando il concilio era stato tra-

22 Paolo Simoncelli, *Il caso Reginald Pole. Eresia e santità nelle polemiche religiose del Cinquecento*, Edizioni di storia e Letteratura, Roma 1977.

23 Reginald Pole, *Défense de l'unité de l'Église*, tradotto e annotato da Noëlle-Marie Egretier, Vrin, Paris 1967.

sferito a Bologna, nuovamente nell'aprile 1547. All'epoca era inviso a Carlo V che voleva far rimanere il concilio a Trento, nel territorio dell'impero. Per questo, all'apertura del conclave, del Monte non figurava tra i *papabili*. Fu solo a partire dal 9 dicembre che il suo nome iniziò a comparire su alcune schede: all'inizio ottenne 3 voti, poi 7 il 16 dicembre, 4 il 17 e 6 il 18. Ma non erano votazioni significative, dal momento che in quei giorni i voti si disperdevano su una ventina di nomi. D'alto canto del Monte era parte della «banda francese», secondo l'espressione utilizzata dai cardinali di Guisa e d'Este. Il partito francese poteva quindi contare su di lui, ma senza pensare ancora che potesse essere un buon papa.

Nove cardinali francesi della dozzina attesa arrivarono progressivamente a Roma. Così il 12 dicembre entrarono in conclave Carlo di Guisa, Carlo di Borbone-Vendôme, Odet de Coligny de Châtillon, Jean Du Bellay e François de Tournon; il 28 dicembre fu la volta di Georges d'Amboise e Philippe de La Chambre; il 31 dicembre arrivò Giovanni di Lorena e il 14 gennaio, infine, fu il turno di Luigi di Borbone-Vendôme.

Alla fine parteciparono al conclave cinquantuno su cinquantaquattro membri del Sacro Collegio. Non si recarono a Roma i cardinali francesi Claude de Longwy de Givry e Jacques d'Annebault, così come il cardinale Enrico del Portogallo, arcivescovo di Évora.

NO A UN PAPA INGLESE

Il cardinale Pole rimase ancora a lungo il favorito ma il 26 dicembre Enrico II ricordò al suo ambasciatore che era contrario all'elezione di un papa inglese. Gli riconosceva delle qualità eminenti, «sincerità e integrità», ma non si fidava di lui: «Non vorrei fidarmi troppo dell'inglese [...] per l'inveterata ostilità che c'è tra la sua nazione e la nostra». Alcuni cardinali francesi (d'Armagnac e Du Bellay) stimavano molto Pole, ma non avrebbero osato trasgredire il veto reale che era di natura politica: «Lo sventurato cardinale inglese aveva il solo difetto, agli occhi del re di Francia, di essere sostenuto ufficialmente da Carlo V. Per il resto Enrico II riconosceva le sue qualità spirituali e morali. Il re di Francia, in guerra da agosto 1549 con l'Inghilterra protestante di Edoardo VI, avrebbe potuto apprezzare la destabilizzazione politica che un papa inglese, di sangue reale, avrebbe sicuramente provocato nel regno nemico. Ma tutte queste argomentazioni non hanno molto peso quando si vuole evitare che un candidato designato dall'imperatore riceva la tiara».[24]

Da sempre cardinali e persone esterne al conclave hanno cercato di sfuggire alle sue limitazioni, in particolare al divieto di qualunque comunicazione con l'esterno. Ma il lungo conclave del 1549-1550 vide i francesi dare prova di grande ingegno per aggirare l'obbligo di segretezza. Così, nel dicembre 1549, i cardinali di Guisa e d'Este fecero passare una lettera al re di Francia «attraverso un buco che abbiamo fatto nella camera del cardinale de Bellay [*sic*]». Nel gennaio 1550 l'ambasciatore di Francia poté «parlare al cardinale di Guisa [...] arrampicandosi sul Palazzo e sulle tegole» e ricevette da lui perfino un pacchetto di lettere destinato al re. All'epoca era abituale designare i cardinali attraverso uno dei loro titoli o benefici ecclesiastici, ma l'ambasciatore e i cardinali francesi andarono oltre, convenendo insieme al re, nel dicembre 1549 o anche prima, di designare i candidati sostenuti con alcuni soprannomi tanto improbabili quanto divertenti. In questo modo il cardinale di Lorena fu chiamato «Fourfoulou», il cardinale d'Este «Rigolières», Salviati divenne «Brusquet», il cardinale Ridolfi «Roustigoti», del Monte «Maistre Guillaume» e il cardinale Cervini «le Frasier».

Analizzando i voti degli imperiali si può osservare che, come abbiamo visto, fin dai primi giorni andarono non solo al cardinale Pole ma anche all'altro favorito di Carlo V, Juan Álvarez, arcivescovo di Burgos. Così, il 1° gennaio 1550, per cercare di uscire dallo stallo in cui si trovava la candidatura di Pole, che si era stabilizzata intorno ai 23 voti, i suoi sostenitori decisero di votare nuovamente per il cardinale Álvarez. Con questo candidato speravano di attrarre un numero maggiore di voti, ma la manovra non ebbe successo e Álvarez ne ottenne solamente 26.

Il confronto continuò soprattutto tra il candidato imperiale (Pole o Álvarez), il candidato dei francesi (Lorena) e il candidato indi-

[24] Alain Tallon, *art. cit.*, p. 117.

pendente Carafa. Per ogni partito l'importante era far convergere sulla propria visione un'altra fazione o un numero significativo di indipendenti. Il 28 dicembre 1549 i cardinali di Guisa e d'Este avvertirono Enrico II che il cardinale Alessandro Farnese «si è unito fino a ora agli imperiali per fare [papa] l'inglese Pole e sarebbe disposto domani a lasciarli e passare dalla nostra parte per fare Maistre Guillaume o il Frasier». Tre settimane dopo il partito francese si congratulava per aver convertito alla propria causa due dei più importanti cardinali del partito Farnese. L'ambasciatore d'Urfé informò il re che il cardinale di Guisa «ha convinto due cardinali [Ange e Visée]» e il cardinale d'Este altri due (Cibo e Doria). Ne traeva la conclusione che «la nostra truppa aumenta ogni giorno». «Ange» designava il cardinale Ranuccio Farnese, cardinale di Sant'Angelo in Pescheria, e «Visée» il cardinale Alessandro Farnese, amministratore, tra le altre, della diocesi di Viseu in Portogallo.

Ma le manovre degli uni e degli altri e le alleanze che tutti si sforzavano di ottenere non erano sufficienti per uscire dallo stallo. I due terzi necessari per l'elezione sembravano irraggiungibili. Il 14 gennaio 1550 l'arrivo a Roma del cardinale Luigi di Borbone-Vendôme sembrò l'occasione, per il partito francese, di rompere gli equilibri. A cinquantasette anni era amministratore dell'arcidiocesi di Sens ed era dotato di un prestigio che poteva avere presa al di fuori del campo francese. Il giorno stesso, quello del quarantaduesimo scrutinio, Pole raccolse 21 voti, il cardinale di Borbone 19, Carafa 22. Pole e Carafa erano quindi ancora i favoriti, anche se il francese iniziava a farsi largo.

Secondo una consuetudine in vigore dalla fine del XIV secolo, all'annuncio dell'elezione del nuovo papa la folla saccheggiava il palazzo del neoeletto (se residente a Roma) mentre nel frattempo i suoi familiari facevano la stessa cosa nella stanza che aveva occupato durante il concilio. Questo saccheggio, quasi tollerato, era un rito. In ogni caso aveva un grande valore simbolico: il nuovo eletto doveva abbandonare il «vecchio uomo» e lasciarsi spogliare dei propri beni personali per mettersi a servizio della Chiesa.[25]

[25] Agostino Paravicini Bagliani, *op. cit.*

Così a gennaio, durante il conclave, si era diffusa la voce che il cardinale Pole fosse stato eletto papa e il popolo romano aveva messo «a soqquadro le sue scuderie, dopo aver fallito il saccheggio del suo palazzo».[26] Ma era una voce infondata, perché per quanto Pole ricevesse ancora il maggior numero di voti praticamente a ogni scrutinio, non raggiungeva mai i due terzi necessari. Inoltre, come abbiamo visto, era arrivata una nuova candidatura a turbare lo scontro tra francesi e imperiali: quella di Carafa, come noto uno dei più ferventi sostenitori della riforma della Chiesa. Al tredicesimo scrutinio, il 16 dicembre, ottenne subito un numero molto alto di voti: 24. Il cardinale di Guisa riconoscerà in seguito che era stato il partito francese a lanciare questa candidatura come diversivo, perché era «un sant'uomo» ed era ritenuto favorevole agli interessi della Francia.[27]

Ma il cardinale di Guisa, capo del partito francese, non aveva ancora rinunciato all'obiettivo di far eleggere Giovanni di Lorena o uno dei prelati "più graditi" a Enrico II e lui stesso ricevette 20 voti il giorno successivo, mentre Pole ne prese 23. Carafa, d'altra parte, non aveva intenzione di fare uno o due giri di pista e poi farsi da parte a beneficio di un altro cardinale sostenuto dai francesi, a maggior ragione dal momento che la sua candidatura continuava a ricevere l'appoggio dei cardinali preoccupati prima di tutto della riforma della Chiesa. In questo modo, per tutto gennaio 1550 raccolse tra i 20 e i 22 voti, disturbando le ambizioni francesi e impedendo l'elezione di un cardinale sostenuto dagli imperiali.

Il 30 gennaio 1550, dopo un approfondito colloquio con il cardinale Pole, Carafa cambiò atteggiamento nei suoi confronti. I due uomini di Chiesa si ritennero «riconciliati e soddisfatti»,[28] secondo l'espressione di Bartolomeo Stella, conclavista del cardinale inglese. Non si parlò più di accuse di eresia.

Nonostante tutto, a fine gennaio il partito francese sperava ancora di far eleggere il cardinale di Lorena. L'ambasciatore d'Urfé

[26] Dispaccio dell'ambasciata di Ferrara, citato da Renaud Villard, *art. cit.*, p. 397.

[27] *Mémoire du cardinal de Guise*, *ms. cit.*, f. 12*r*.

[28] Thomas F. Mayer e Peter A. Starenko, *art. cit.*, p. 348.

disse al re che «egli [Lorena] ha grandi speranze e vede le cose in termini a lui favorevoli». E se i francesi non fossero riusciti a farlo eleggere, avrebbero spostato i loro voti su d'Este, Salviati o Ridolfi, e in ultima istanza su Cervini o del Monte.

Il 31 gennaio il regolamento del conclave venne modificato per rendere le condizioni di vita più austere e controllare maggiormente i rapporti con l'esterno: «Da una parte si ridusse a tre il numero di conclavisti per ogni cardinale, a uno quello dei numerosi e lussuosi pasti; dall'altra venne limitato il numero dei medici e dei barbieri; ogni finestra o porta del conclave venne chiusa con cura e i viveri furono fatti passare attraverso delle rote [cilindri di legno che ruotavano, inseriti nello spessore dei muri, muniti di sportelli con serrature e chiavi, N.d.R.], come nei conventi di clausura».[29]

Sarebbe sbagliato ritenere che i due protagonisti esterni al conclave, l'imperatore Carlo V e il re Enrico II, perseguissero solamente ambizioni temporali e il trionfo dei propri favoriti. Si preoccupavano anche degli inconvenienti e dei danni spirituali che avrebbe potuto creare una vacanza troppo lunga della Santa Sede. Dopo due mesi di conclave Carlo V si era perfino «lamentato fortemente» della lunghezza dell'assemblea, «sostenendo che in Germania, vedendo il conclave in simili combustioni, di cui si fa beffe, aumentano ogni giorno gli errori contro la religione e che per ogni luterano presente prima della vacanza del papato [della Santa Sede] ora ce n'è un gran numero». Anche Enrico II, che ha riportato queste osservazioni, si lamentava di «questa lunghezza da cui non può uscire nulla di buono».

UN'ELEZIONE PER DIFETTO AL SETTANTUNESIMO SCRUTINIO

Secondo la relazione anonima conservata nella biblioteca Mazarine, il 14 dicembre gli imperiali e i francesi avrebbero tentato un'elezione per compromesso («*una conventione tra di loro*»). Ogni fazione propose una lista di potenziali nomi e cercò di trovare un

[29] Gustave Constant, «Une rivalité franco-allemande en conclave. L'élection de Jules III», *La Revue hebdomadaire*, 18 febbraio 1922, p. 339.

candidato comune.[30] Un'altra fonte attesta di rapporti tra il cardinale di Lorena e l'ambasciatore di Carlo V, Mendoza, a metà gennaio.[31]

Ma alla fine fu un'altra alleanza a prevalere. In effetti ci fu un accordo tra il partito francese e il partito Farnese. Così il 6 febbraio, durante un incontro tra i capi dei due partiti, il cardinale di Guisa e il cardinale Alessandro Farnese, si decise di sostenere la candidatura di del Monte. Il cardinale di Guisa era stato a lungo ostile nei suoi confronti, deplorando in lui «alcuni vizi» e chiedendo all'ambasciatore d'Urfé di avvertire il re di «come il suddetto Monti esercita indegnamente il sacerdozio».[32] In seguito era stato convinto dal cardinale d'Este del cambiamento di del Monte, che si era convertito da molti anni e che si sarebbe dimostrato favorevole alla Francia. Guisa riassumerà poi i motivi che l'avevano spinto a favorire l'elezione di del Monte: «In primo luogo era un cardinale di sessantatré anni, di buona cultura nel campo delle Sacre Scritture come nel diritto, un uomo che sarebbe stato gradito al popolo. Perché aveva amministrato con onore e misura tutte le cariche che si possono ricoprire nella Chiesa, come referendario, governatore di città, di provincia, di Roma» e anche «perché era nemico mortale di don Ferrante [l'alleato napoletano di Carlo V], escluso dall'imperatore e temuto più di ogni altro, essendo sempre stato francese e beneficiario del defunto re, avendo servito con lealtà la nostra parte in questo conclave...».[33]

Dopo l'accordo tra Guisa e Farnese, i cardinali si riunirono nella cappella Paolina la sera del 7 febbraio. I due capi-partito annunciarono l'intenzione di eleggere del Monte per acclamazione. Alla riunione erano presenti quarantasei cardinali. Quarantuno approvarono, mentre quattro sudditi di Carlo V (Madruzzo, Pacheco, Gonzaga e Cueva) rifiutarono. L'elezione era quindi fatta e il mattino dell'8 ebbe luogo una votazione formale per confermare l'acclamazione

30 Si veda anche Ludwig von Pastor, *op. cit.*

31 Alain Tallon, *art. cit.*, p. 113.

32 *Conclave del anno 1549...*, *ms. cit.*, f. 11*v*. Si veda anche *Lettres et mémoires d'Estat...*, *op. cit.*, t. II, p. 268.

33 *Mémoire du cardinal de Guise*, *ms. cit.*, f. 13*r* e *v*.

del giorno precedente. Questa volta il voto in favore di del Monte fu unanime. Solamente l'interessato, non potendo votare per se stesso, diede il proprio suffragio all'arcivescovo di Burgos, il cardinale Álvarez, per compiacere Carlo V. Era la settantunesima votazione del conclave e si era svolta in maniera nominale, ad alta voce.

I francesi poterono vantarsi di aver fatto eleggere il nuovo papa, anche se fu una scelta per difetto e il risultato venne ottenuto solo grazie al supporto del partito Farnese. L'ambasciatore di Francia, informando Enrico II dell'elezione del nuovo papa, scrisse il 7 febbraio: «Il cardinale di Guisa mi ha detto di averlo fatto con le proprie mani, il che mi è stato confermato dagli altri cardinali francesi, aggiungendovi il consenso di Farnese».

Il nuovo eletto prese il nome di Giulio III, per riconoscenza verso papa Giulio II che aveva favorito l'ascesa della sua famiglia facendo cardinale suo zio mentre lui era stato nominato arcivescovo di Siponto. Anche se Giulio III era stato designato per difetto, il suo pontificato, per quanto breve (1550-1555) non fu irrilevante. Fece riprendere il concilio di Trento, intraprese importanti riforme nel funzionamento della Curia, approvò la Compagnia di Gesù fondata da Ignazio da Loyola e restaurò la Chiesa cattolica in Inghilterra (anche se in maniera effimera).

Come accadeva spesso dopo i conclavi, stabilì un nuovo regolamento per ovviare ad alcuni inconvenienti da lui osservati nell'assemblea che l'aveva eletto. In questo modo i molteplici ritardi all'apertura del conclave spinsero Giulio III a dichiarare che si sarebbe tenuto due giorni dopo la morte del papa. L'ambasciatore di Francia protestò «affermando che in quel modo il papa impediva ai cardinali francesi di partecipare all'elezione. Giulio III gli rispose che avrebbero solo dovuto fare il loro dovere e risiedere a Roma come i cardinali spagnoli. L'ambasciatore replicò che i cardinali francesi erano principi e partecipavano al consiglio del re».[34]

Alla morte di Giulio III, nel 1555, il regolamento da lui pubblicato non venne applicato. Ma nel 1562, attraverso l'importantissima

[34] Alain Tallon, *art. cit.*, p. 104.

bolla *In eligendis*, Pio IV promulgò in maniera definitiva diverse regole fondamentali, fissando in particolare l'apertura del conclave dieci giorni dopo la morte del papa, ovvero dopo le *novemdiales* (nove giorni di preghiera e lutto per il pontefice defunto).[35] Questa norma sarebbe stata seguita fino all'epoca contemporanea, prima di essere modificata da Pio XI.

Un'altra disposizione presa da Pio IV fu quella di vietare le «capitolazioni elettorali». La più antica tra quelle note risaliva al 1352. Si trattava di accordi che un cardinale si impegnava a rispettare qualora fosse stato eletto papa o di promesse fatte per favorire la propria elezione. Ritenendo che queste capitolazioni limitassero i diritti del futuro papa, la bolla *In eligendis* le proibì, un divieto che sarebbe stato rinnovato a più riprese, in particolare da Pio IV, Gregorio XV, Pio X, Pio XII, Paolo VI e Giovanni Paolo II.[36]

DALL'INGERENZA AL DIRITTO DI VETO

L'ingerenza dei re di Spagna e Francia manifestatasi nel corso del conclave del 1549-1550 era stata esercitata solamente in via ufficiosa, attraverso l'intermediazione degli ambasciatori o dei cardinali. Pio IV, con la già citata bolla *In eligendis*, provò a ridurre la portata dell'intervento dei sovrani nelle elezioni pontificie. Non proibiva *Principum saecularium intercessionibus* ("interventi dei principi secolari"), ma vietava ai cardinali di considerarli come ingiunzioni.[37]

Tuttavia nei tre conclavi che si succedettero in meno di un anno, tra il 1590 e il 1591, il re di Spagna Filippo II (successore di Carlo V) non si contentò più, come in precedenza, di rendere note attraverso il proprio ambasciatore l'opposizione a questo o a quel cardinale o la preferenza per un altro ancora. Comunicò ufficialmente due liste ai cardinali: una di coloro che gli erano graditi e un'altra con chi non voleva vedere ascendere al pontificato.

[35] Ivan Grigis, *op. cit.*

[36] Niccolò Del Re, «Capitolazioni elettorali», in *Mondo Vaticano*, cit., p. 188 e Bernard Ardura, *op. cit.*, p. 148.

[37] Pio IV, *In eligendis*, § 26, testo integrale pubblicato da Ivan Grigis, *op. cit.*

Si trattava di «una nuova versione del cesaropapismo bizantino»,[38] dal momento che un sovrano temporale favoriva o impediva l'elezione di un cardinale al pontificato. L'ingerenza formale si presentava allora in due modalità: quella inclusiva, in cui un potere temporale esprime una preferenza, e quella esclusiva, in cui un potere temporale si oppone espressamente all'elezione di uno o più cardinali (che è quello che sarà in seguito chiamato diritto di veto). Nel corso dei secoli e a seconda dei conclavi, questo presunto diritto di intervento è stato esercitato nell'una o nell'altra forma, o in entrambe allo stesso tempo, con tre potenze cattoliche, Spagna, Francia e Austria, che ne hanno fatto uso nelle elezioni pontificie.

In effetti più che di un diritto si trattava di una pratica «nata e sviluppata nell'ambito dei semplici usi»[39] che non presentava nemmeno «nessuno degli elementi costitutivi del diritto».[40] Si trattò sempre di un atto politico compiuto da un sovrano o da un governo in circostanze storiche particolari. Waddington, ministro degli Affari Esterni nella Terza Repubblica francese, ne parlò come di uno dei «privilegi» tramandati alla Francia «attraverso una lunga tradizione storica».[41] Ma, come ha ben detto lo studioso Moroni, da parte dei papi si trattava piuttosto di una «prudente tolleranza» a cui è stato dato «impropriamente il nome di privilegio e prerogativa».[42]

Si noterà, senza vederci per forza un nesso di causa ed effetto, che questa particolare ingerenza di alcune potenze temporali nelle elezioni pontificie iniziò a svilupparsi nel XVI secolo, all'incirca all'epoca in cui fu esclusa la simonia.

38 Ufficio delle Celebrazioni liturgiche del Sommo Pontefice, *Sede Apostolica Vacante*, Libreria Editrice Vaticana, Città del Vaticano 2005, p. 122.

39 Lucius Lector [Joseph Guthlin], *Le Conclave et le «veto» des gouvernements*, Vitte, Lione 1894, p. 3.

40 Alexander Eisler, *Das Veto der katolischen Staaten bei der Papstwahl, seit dem Ende des 16. Jahrhunderts*, Manz, Vienna 1907, p. 255, citata in «Il "Veto" nel conclave», *Civiltà cattolica*, 11 marzo 1908, p. 641.

41 Lettera di Waddington al cardinale Guibert del 10 febbraio 1878, pubblicata in Pierre Batiffol, «Le conclave de Léon XIII. Instructions de M. Waddington au cardinal Guibert», *Revue d'histoire de l'Église de France*, n. 62, 1928, p. 61.

42 Gaetano Moroni, *op. cit.*, «Esclusiva», t. XII, 1841, pp. 82-90.

In questo modo si possono distinguere due grandi fasi. Nel XVI e nel XVII secolo i sovrani agirono con i cardinali come intermediari: «Questa procedura poteva avere successo solamente nel caso fosse sostenuta da un gruppo consistente di elettori più o meno convinti delle motivazioni dei principi».[43] Era sufficiente un terzo dei cardinali per impedire l'elezione, il che sarà chiamato «esclusiva indiretta». In seguito, per la prima volta durante il conclave del 1691, «il Sacro Collegio ammette ormai una esclusione fondata sulla semplice volontà del principe».[44] Così fu sufficiente che l'imperatore d'Austria comunicasse al conclave il veto contro il cardinale Gregorio Barbarigo (vescovo di Padova con numerosi sostenitori) affinché quest'ultimo non potesse essere eletto. Ora, quest'esclusiva venne espressa solamente in via non ufficiale e da un solo cardinale in nome del sovrano, senza essere sostenuta da un intero gruppo di prelati. Da quel momento il veto diventerà un'arma nelle mani dei sovrani di Spagna, Francia e Austria, un diritto di esclusione diretta espresso ufficialmente e pubblicamente o solo agitato come minaccia ma in entrambi i casi efficace.

[43] Joël-Benoît d'Onorio, «Veto», in *DHP*, cit., p. 1716; si veda anche Lucius Lector, *op. cit.*, p. 24.

[44] Ivi, p. 36.

6 · UN CONCLAVE IN ESILIO: VENEZIA E LA SCELTA DI PIO VII (1799-1800)

Nell'Europa dell'Illuminismo, il papa italiano Pio VI dovette affrontare, fin dall'elezione nel 1775, i tentativi da parte di diversi Paesi di controllare la Chiesa e in particolare la politica dell'imperatore Giuseppe II d'Austria. Poi arrivò la Rivoluzione francese a spezzare l'alleanza fra Trono e Altare, conducendo una politica sempre più radicale e violenta nei confronti della Chiesa. Il nuovo potere voleva allo stesso tempo porre la Chiesa di Francia sotto il controllo dello Stato e dare al diritto civile il primato sulle leggi della Chiesa.

Pio VI reagì pubblicamente in modo tardivo ma con totale disapprovazione: nella primavera del 1791 condannò successivamente la Costituzione civile del clero votata dall'Assemblea nazionale (nel breve *Quod aliquantum*), il giuramento di fedeltà richiesto ai vescovi e ai parroci (nel breve *Charitas*) e la Dichiarazione dei diritti dell'uomo e del cittadino, diritti «contrari alla religione e alla società» (nell'enciclica *Adeo nota*). Nel discorso «sulla morte del re di Francia» pronunciato il 17 giugno 1793, un testo poco noto, definì persino Luigi XVI, giustiziato cinque mesi prima, come un re cristiano che ha «meritato la palma del martire» e condannò «questa libertà filosofica che tende a corrompere gli spiriti, a depravare i costumi, a stravolgere tutte le leggi e le istituzioni».

D'altra parte le persecuzioni contro il clero refrattario, l'esecuzione di numerosi sacerdoti, fedeli, religiosi e religiose non potevano non spaventare il papa. Fin dal 1796 la campagna d'Italia condotta dal generale Napoleone Bonaparte contro l'Austria in nome del

Direttorio minacciava anche il potere temporale del papa. A partire da quel momento, i francesi occuparono facilmente le legazioni (Stato Pontificio) di Bologna e Ferrara, Loreto e il suo santuario, il porto di Ancona. Pio VI fu allora obbligato a firmare un armistizio il 23 giugno 1796. Il 19 febbraio 1797, con il trattato di Tolentino, le condizioni di pace vennero inasprite: il papa perse definitivamente una parte dello Stato Pontificio (le legazioni di Romagna, Bologna e Ferrara furono donate all'Austria) e dovette versare al Direttorio un pesante risarcimento. L'11 febbraio 1798, in seguito all'assassinio del generale Léonard Duphot avvenuto a Roma due mesi prima, la Città Eterna fu occupata dalle truppe francesi. Venne proclamata la «Repubblica romana» e Pio VI fu messo agli arresti. Senza territorio, il 20 febbraio il papa fu costretto a lasciare Roma. Si stabilì inizialmente in Toscana, a Siena, poi in una certosa vicino Firenze. Nel marzo 1799 venne condotto dalle truppe francesi a Grenoble, poi il giugno successivo a Valencia, dove morì il 29 agosto.

In quel momento la Chiesa si trovava in una situazione tra le più drammatiche della sua storia: il papa era morto in esilio, lo Stato Pontificio non esisteva più e i cardinali erano dispersi in diversi Paesi. Alcuni si erano rifugiati a Venezia, nell'antica Repubblica aristocratica dei dogi annessa all'Impero austriaco con il trattato di Tolentino. Là avevano costituito un consiglio per trattare le questioni più urgenti.

LO SVOLGIMENTO DEL CONCLAVE

Considerando i cambiamenti conosciuti dall'Europa dopo la Rivoluzione francese, in seguito al trattato di Tolentino papa Pio VI aveva modificato le regole dell'elezione pontificia per affrontare una situazione straordinaria che avrebbe potuto verificarsi. Così, il 30 dicembre 1797, ossia due giorni dopo l'assassinio del generale Duphot e in previsione di futuri disordini, aveva promulgato la bolla *Christi Ecclesiae*, che stabiliva la possibilità di tenere il conclave fuori da Roma, in «un luogo più adatto»[1] alle circostanze ec-

[1] Il testo integrale è pubblicato sul sito del Vaticano: https://www.vatican.va/content/pius-vi/it/documents/bolla-christi-ecclesiae-30-dicembre-1797.html.

cezionali che si sarebbero potute presentare. Aveva anche decretato che il tradizionale lasso di tempo di dieci giorni tra la morte del papa e l'apertura del conclave avrebbe potuto essere abbreviato in caso di «grave difficoltà», come in presenza di un'insurrezione o del timore di un'invasione straniera. Poi il 13 novembre 1798, Pio VI, ormai in esilio in Toscana, aveva accordato con la bolla *Cum nos superiori* «nuove deroghe» affinché l'eventuale elezione di un nuovo papa «non venisse turbata» e potesse svolgersi «facilmente e rapidamente».[2] La bolla precisava che luogo e data del conclave sarebbero stati decisi dal decano del Sacro Collegio o, in sua assenza, dal cardinale più alto in rango, e che avrebbe dovuto tenersi in un territorio «sottoposto a un principe cattolico». «Solamente i cardinali riuniti in numero sufficiente nello stesso luogo» avrebbero potuto procedere all'elezione del papa, ma i ritardatari si sarebbero potuti unire al conclave dopo l'apertura. Gli altri, qualunque fosse il motivo della loro assenza (arresto, deportazione, impedimento a recarsi nel luogo stabilito), non avrebbero potuto contestare la legittimità dell'elezione. Veniva mantenuta tuttavia la regola tradizionale dei due terzi dei voti dei presenti per ottenere l'elezione.

Nove mesi dopo, come abbiamo visto, Pio VI sarebbe morto in esilio a Valencia, nella notte tra il 29 e il 30 agosto 1799. La progressiva semplificazione delle regole da lui stabilita facilitò la rapida riunione di un conclave. Il 17 settembre, ossia due settimane dopo la morte del papa, i cardinali Antonelli e Maury indirizzarono da Venezia a quelli sparsi in Europa (all'epoca non c'era nessun cardinale negli altri continenti) una lettera con cui domandavano loro di raggiungerli per eleggere un nuovo papa.

Il 2 ottobre si trovava a Venezia un numero sufficiente di cardinali per svolgere la prima congregazione generale pre-conclave. Monsignor Consalvi, un prelato di quarantadue anni che aveva già avuto una buona carriera nell'amministrazione pontificia, fu scelto come segretario del conclave, un ruolo importante prima e durante questo momento decisivo. In precedenza, in qualità di uditore della

[2] *Ibidem.*

Rota romana, si era occupato della delicata questione dei sacerdoti francesi in esilio e in seguito, durante l'occupazione francese di Roma, era stato incarcerato a Castel Sant'Angelo. Era stato anche uno degli ultimi prelati a vedere Pio VI prima del suo esilio forzato in Francia.

Appena nominato, mandò lunghe lettere a tutti i sovrani europei per comunicare loro ufficialmente la morte del papa. «Fu un lavoro molto difficile» convenne Consalvi, perché quelle lettere non contenevano solamente l'annuncio formale del decesso di Pio VI. In effetti, nelle circostanze eccezionali in cui si trovava allora la Chiesa, erano anche un appello a una Santa alleanza contro le «perfide manovre dei malvagi». Il prelato si occupò anche dell'organizzazione materiale del conclave. Su suggerimento dell'imperatore d'Austria venne scelta come luogo di riunione dell'assemblea l'abbazia benedettina di San Giorgio Maggiore, che aveva le migliori condizioni per garantire la sicurezza e l'isolamento dei cardinali. Il monastero, situato sull'isola omonima nella laguna di Venezia, era facilmente sorvegliabile. Dovette tuttavia essere allestito. Così, per due mesi e a spese dell'Austria, circa duecento operai furono impiegati nei grandi lavori necessari: vennero creati degli appartamenti da due stanze per i cardinali e i loro conclavisti, furono costruite delle celle in legno nel dormitorio grande, nel noviziato, nella sala degli archivi e persino in un corridoio per i maestri di cerimonia, il sacrestano e il personale di servizio.[3] La grande biblioteca fu trasformata in cappella mentre la chiesa del monastero rimase a disposizione della comunità monastica che dovette ritirarsi in una parte ridotta del monastero. Il coro d'inverno venne incluso nel recinto del conclave ed è là che si svolsero le votazioni, davanti all'altare.

Naturalmente le potenze temporali si interessarono al conclave, cercando di esercitare la propria influenza. Ma le due potenze cattoliche, Spagna e Austria, non avevano lo stesso obiettivo.

Il cardinale Lorenzana, arcivescovo di Toledo, doveva essere il rappresentante ufficiale al conclave di Carlo IV, re di Spagna, ma il

[3] Gaetano Moroni, *op. cit.*, t. XI, 1841, p. 64.

sovrano aveva inviato anche un rappresentante ufficioso che ebbe un ruolo determinante, monsignor Antonio Despuig.

Quest'ultimo ha lasciato un diario molto prezioso per gli storici. Despuig, che aveva prestato servizio a Roma prima dell'esilio di Pio VI, arrivò in fretta a Venezia il 6 ottobre. Aveva ottenuto la nomina come uno dei prelati incaricati di sorvegliare il conclave, il che lo avrebbe tenuto in contatto quotidiano con i cardinali che si fossero presentati per porre una domanda o trasmettere un messaggio. In quest'ottica Despuig aveva già ricevuto istruzioni scritte da Urquijo, il primo ministro di Carlo IV di Spagna, il 30 giugno 1799 e quindi prima della morte di Pio VI. Doveva fare in modo «che l'eletto non fosse del partito dell'Imperatore o di qualche altro sovrano del Nord o d'Italia, né disposto a favorire massime poco conformi alla vera Religione e al puro spirito della Santa Chiesa».[4] Più semplicemente doveva evitare l'elezione di un cardinale favorevole all'Austria, di cui la Spagna temeva l'espansionismo in Italia, o l'elezione di un cardinale benevolo verso la Francia, simbolo dell'ostilità verso la Chiesa e propagatrice di idee rivoluzionarie.

Il cardinale Hrzán z Harasova (Herzan von Harras in tedesco), nato a Praga e vescovo di Szombathely in Ungheria, doveva essere il rappresentante ufficiale al conclave dell'imperatore d'Austria Francesco II. Aveva ricevuto istruzioni scritte molto precise: far eleggere un papa che non reclamasse all'Austria le tre legazioni pontificie cedute con il trattato di Tolentino e impedire l'elezione di un cardinale proveniente dal regno di Spagna, da quello di Sardegna o di Napoli e dalla repubblica di Genova, tutte potenze rivali dell'Austria nelle sue ambizioni in Italia. Herzan avrebbe anche dovuto favorire l'elezione del cardinale Mattei, arcivescovo di Ferrara fino al 1796 e poi firmatario del trattato di Tolentino in nome di Pio VI. Se non fosse stato possibile ottenerne l'elezione, Herzan avrebbe dovuto promuovere la candidatura di Valenti.

[4] Citato da Gabriel Seguí, «El cardenal Despuig y la Santa Sede», *Analecta sacra Tarraconensia*, vol. 16, 1942, p. 205.

La Francia invece non aveva al tempo né i mezzi né l'ambizione di influenzare il conclave, e nelle settimane che lo precedettero Napoleone divenne Primo console con il colpo di Stato del 18 Brumaio (9 novembre 1799). La notizia allarmò i cardinali riuniti a Venezia, perché ricordavano la brutale occupazione di Roma da parte delle truppe francesi. Ciononostante Bonaparte intendeva mettere fine alla Rivoluzione, stabilizzare le istituzioni, ripristinare un clima interno di pace e ricomporre i rapporti con l'Austria. Ora, il suo obiettivo interno passava attraverso un accordo con la Santa Sede per far terminare lo scisma costituzionale e ripristinare diritti e libertà della Chiesa di Francia seppur mantenendo uno stretto controllo. Non avendo i mezzi per influire direttamente sul conclave dal momento che Maury, il solo cardinale francese presente, era un agente di Luigi XVIII allora sovrano in esilio, Bonaparte si augurava un papa che almeno non fosse ostile alla Francia.

Lo svolgimento del pre-conclave e del conclave è noto attraverso numerose corrispondenze e diversi diari e memorie redatti da partecipanti e testimoni, in particolare grazie alle lettere indirizzate dal cardinale Maury a Luigi XVIII[5] e alle varie memorie lasciate dal segretario del conclave Consalvi.[6] Il 2 novembre, ossia un mese prima dell'apertura dell'assemblea, quando trentatré cardinali erano già presenti a Venezia, Maury cita due nomi di cui «si parla molto» come papabili: il cardinale Giovanni Andrea Archetti, ex nunzio a Varsavia e vescovo di Ascoli; e il cardinale Hyacinthe-Sigismond Gerdil, savoiardo, prefetto della Congregazione de Propaganda Fide.

5 *Correspondance diplomatique et mémoires inédits du cardinal Maury (1792-1817)*, commentate e pubblicate da monsignor Ricard, Desclée, De Brouwer & Cie, Lille 1891, 2 voll.

6 Le sue memorie sono state pubblicate e tradotte in francese da Jacques Crétineau-Joly, *Mémoires du cardinal Consalvi*, Plon, Paris 1864, 2 voll. Questa edizione e traduzione è però carente sotto diversi aspetti ed è da preferire l'edizione italiana successiva: *Memorie del cardinale Ercole Consalvi*, di Monsignor Mario Nasalli Rocca di Corneliano, Angelo Signorelli, Roma 1950. Da integrare con Lajos Pasztor, «Ercole Consalvi, prosegretario del conclave di Venezia», in *Archivio della Società Romana di Storia Patria*, 83, 1960, pp. 99-187 e «Le "Memorie sul conclave tenuto in Venezia" di Ercole Consalvi», in *Archivum Historiae Pontificiae*, 3, 1965, pp. 239-308. Si vedano anche gli studi citati in bibliografia.

Il Sacro Collegio contava allora quarantasei cardinali, il numero più basso da molto tempo, dal momento che le vicissitudini del periodo avevano impedito da molti anni a Pio VI di riunire dei concistori per crearne di nuovi. Inoltre una decina di cardinali non poteva recarsi a Venezia per partecipare al conclave. Alla fine raggiunsero la Serenissima solamente in trentacinque. Molti di loro si insediarono all'abbazia di San Giorgio Maggiore il 30 novembre 1799. Trentaquattro entrarono ufficialmente in conclave il giorno seguente, il 1° dicembre, ossia la prima domenica dell'Avvento. Il cardinale Herzan invece arrivò a Venezia solamente una settimana dopo.

La maggior parte dei partecipanti al conclave era italiana: ventinove su trentacinque. La Spagna era rappresentata dai cardinali Lorenzana, arcivescovo di Toledo, e Zelada, in servizio a Roma. Uno solo dei quattro cardinali francesi, Maury, era presente; gli altri tre (Montmorency-Laval, Rohan-Guémenée e La Rochefoucauld), rifugiatisi in Germania, non poterono recarsi a Venezia. Gli altri non-italiani erano l'inglese Henry Stuart, duca di York, ultimo erede della decaduta dinastia inglese e vice-decano del Sacro Collegio; il già citato austriaco Herzan e il savoiardo Gerdil, ex precettore del re di Sardegna Carlo Emanuele IV.

Il conclave si aprì quindi il 1° dicembre 1799. La difficoltà nel raggiungere un consenso ne spiega la durata di tre mesi e mezzo e la dispersione dei voti. Considerando i cambiamenti territoriali e politici che avevano avuto luogo in Europa e la guerra in corso tra Francia e Austria si sarebbe potuto pensare a una risoluzione rapida. Invece durò centoquattro giorni e si concluse solamente il 14 marzo 1800. Da una parte i cardinali non riuscivano a mettersi d'accordo su un nome, dall'altra il conclave fu teatro della rivalità tra le grandi potenze per diversi mesi.

Nelle sue *Memorie,* Consalvi afferma che le votazioni cominciarono solo con l'ingresso in conclave del cardinale Herzan, il 12 dicembre. Non è così. Una settimana dopo l'inizio dell'assemblea, Maury scriveva a Luigi XVIII: «I due scrutini quotidiani ci costano molto tempo senza fornirci grandi lumi. Aspettiamo a breve l'arrivo del cardinale Herzan, con le istruzioni della corte di Vienna, per trattare seriamente e nella maniera più rapida possibile l'elezione del papa. I nostri veterani che hanno pratica di conclavi credono che saranno sufficienti otto giorni per concludere la questione se il Sacro Collegio non sarà contrastato nella sua volontà». Tuttavia quest'ottimismo sarà presto smentito dai fatti, perché serviranno più di tre mesi per eleggere il papa. Nello scrutinio di giovedì 5 dicembre pomeriggio, per esempio, i voti si dispersero tra quattordici nomi: il cardinale Gerdil, in testa, raccolse solamente 7 voti; Bellisomi 4; Albani, Antonelli, Gioannetti e Zelada 3 ognuno; otto altri cardinali ottennero uno o due voti.

Il cardinale Herzan giunse a Venezia l'8 dicembre ma, come abbiamo visto, entrò in conclave solamente il 12. Naturalmente era atteso da tutti ed era temuto quanto rispettato in qualità di rappresentante ufficiale dell'imperatore Francesco II. Il suo arrivò cambiò immediatamente l'atmosfera dell'assemblea: da quel momento si formarono alleanze e si susseguirono tentativi di accordo. Herzan divenne il capo («il generale della parata» diceva Maury) di un partito che aveva nel cardinale Antonelli la sua «anima». Erano alla guida di un gruppo di prelati «zelanti» [in italiano nel testo, N.d.R.], se non intransigenti, favorevoli all'Austria e ostili a ogni riavvicinamento con la Francia del Consolato. Sostenevano la candidatura del cardinale Mattei, di cui abbiamo parlato, e osteggiavano quella di Bellisomi, appoggiato dall'altro gruppo. Nel 1775 Bellisomi era stato nominato nunzio a Colonia, con il compito di combattere il febronianesimo [dottrina propugnata da Johann Nikolaus von Hontheim, sotto lo pseudonimo di Justinus Febronius, che cercava di limitare il potere del papa e di rafforzare l'autorità dei vescovi, N.d.R.]. Dieci anni dopo, nominato nunzio a Lisbona, aveva lavorato alla riforma degli ordini religiosi in Portogallo e Brasile. Sosteneva un accordo con il nuovo potere affermatosi in Francia, appoggiato in questo in particolare dal cardinale Braschi, nipote di Pio VI, dal cardinale Albani, decano del Sacro Collegio, e dal cardinale Stuart.

Un terzo partito riuniva coloro che nei conclavi erano tradizionalmente chiamati "i fluttuanti" o "il campo volante": troppo pochi per presentare un candidato, davano il loro voto all'uno o all'altro campo cercando di avere un peso nell'elezione. I rappresentanti più in vista di questo terzo partito erano il cardinale Maury, come abbiamo visto fedele a Luigi XVIII, il savoiardo Gerdil, gli spagnoli Lorenzana e Zelada.

L'EMERGENZA DI BELLISOMI

Alcuni giorni dopo l'ingresso in conclave di Herzan, «improvvisamente» scrive Consalvi, «senza nessun tipo di preparazione o manovre segrete, ma per l'unione dei sentimenti di tutti, 18 voti andarono al cardinale Giovanni Battista Caprara Bellisomi, vescovo di Cesena, un tempo nunzio in Portogallo. Era un cardinale generalmente amato e stimato, tanto per la dolcezza del carattere quanto per la purezza dei costumi, l'integrità e le conoscenze». Il 18 dicembre raccolse quindi 18 voti. Gliene mancavano solamente sei per essere eletto. «In tutto il conclave» scrive ancora Consalvi, «venne annunciata la nomina del cardinale Bellisomi per il giorno successivo». Il cardinale Herzan si allarmò e si attivò per impedirne l'elezione, o almeno per ritardarla il più possibile. Non aveva ricevuto dall'imperatore d'Austria un veto formale di esclusiva contro Bellisomi ma sapeva che quest'elezione sarebbe stata molto sgradita al sovrano. Così ottenne dal cardinale Albani, decano del Sacro Collegio, una proroga di «undici o dodici giorni» per inviare una lettera a Vienna, comunicare a Francesco II la situazione e ricevere la sua approvazione all'elezione di Bellisomi. Le votazioni non vennero però interrotte. In quel lasso di tempo Bellisomi vide dunque crescere il numero dei propri sostenitori - fino a 21 voti, dirà Consalvi - mentre Herzan si adoperava per creare un partito di opposizione che «seppur troppo esiguo per poter creare il nuovo papa, poteva però [...] impedire che Bellisomi o un altro diventassero pontefice». A metà gennaio 1800 Bellisomi otteneva ancora 18 voti ma i suoi avversari lo descrivevano come troppo timoroso: «Non avrebbe avuto il coraggio necessario per richiedere all'Austria le tre legazioni».[7]

[7] Gaetano Moroni, *op. cit.*, t. LIII, 1851, p. 116.

Il conclave non sembrava in grado di sciogliere lo scontro Bellisomi-Mattei. Per risolvere questa situazione venne fatto a più riprese il nome del cardinale Gerdil.

Come abbiamo visto, il suo nome era già circolato prima dell'apertura dell'assemblea, poi aveva ricevuto alcuni voti durante le prime giornate e in particolare il 5 dicembre. Originario di Samoëns (oggi in Alta Savoia), religioso barnabita, era un eminente teologo. I suoi primi lavori contro la filosofia di John Locke, nel 1747 e 1748, non erano passati inosservati. A lungo professore di filosofia poi di teologia morale all'università di Torino, la sua critica dell'*Émile* di Jean-Jacques Rousseau, pubblicata con il titolo di *Réflexions sur la théorie, & la pratique de l'éducation contre les principes de Mr Rousseau* (1763), era stata accolta favorevolmente dallo stesso Rousseau. In seguito era stato scelto come precettore del futuro Carlo Emanuele IV, re di Sardegna, principe del Piemonte e duca di Savoia. Creato cardinale nel 1777, era stato nominato prefetto della Congregazione dell'Indice nel 1779.

In questa funzione era stato anche membro della Congregazione del Sant'Uffizio, aveva avuto un ruolo importante nell'elaborazione di brevi e bolle pubblicati in seguito da Pio VI contro il gallicanesimo [dottrina politico-religiosa sviluppatasi in Francia che mirava a limitare il potere del papa, rafforzando l'autorità del re e dei vescovi francesi, N.d.R.], contro le tesi del concilio di Pistoia e poi contro le decisioni dell'Assemblea costituente francese nei confronti della Chiesa, in particolare riguardo la Costituzione civile del clero. A fine dicembre 1799 era stato il cardinale Antonelli a promuovere la candidatura di Gerdil, ma senza crederci e più che altro come diversivo, osservò Maury.

Il 15 gennaio 1800 il cardinale Herzan ricevette infine la risposta da Vienna. In una lunga lettera, il primo ministro Johann Thugut gli trasmetteva le istruzioni dell'imperatore Francesco II.[8] Herzan

[8] Lettera pubblicata da Charles Van Duerm, *Un peu plus de lumière sur le conclave de Venise et sur les commencements du pontificat de Pie VII (1799-1800). Documents inédits extraits des archives de Venise*, Lecoffre, Paris 1896, pp. 92-101.

doveva continuare gli «energici sforzi» per far eleggere il cardinale Mattei. Solamente se l'elezione di Mattei fosse divenuta «assolutamente impossibile» si sarebbe potuto votare Bellisomi, facendogli comprendere che doveva la propria elezione all'imperatore d'Austria e convincendolo a prendere Mattei come segretario di Stato.

Il cardinale Herzan si guardò bene dal rendere noto l'intero contenuto della lettera. Due giorni dopo ne comunicò solamente degli estratti ben scelti ai cardinali Albani e Braschi, nascondendo completamente il passaggio su Bellisomi. Il 18 gennaio Maury scriveva a Luigi XVIII: «Non c'è stato nessun cambiamento negli scrutini, dalla mattina alla sera, per tutta la settimana. Bellisomi ha ottenuto ogni volta 19 voti e Mattei ha conservato i 10 che si erano riuniti o meglio depositati sulla sua testa. Gli altri voti, compresi quelli dei due rivali, si spostano sempre e vanno dispersi di proposito». Maury riteneva in ogni caso di poter definire quelli che sostenevano Bellisomi come la «maggioranza», dal momento che mancavano loro solo 5 voti per vincere, e quelli che sostenevano Mattei come «l'opposizione».

La situazione rimase bloccata per più di due settimane. Poi, il 5 febbraio, il cardinale Herzan convenne che si sarebbe senza dubbio dovuti passare a un «terzo candidato». Il 10 febbraio si decise di procedere attraverso la via del compromesso, ossia, secondo l'espressione del cardinale Maury, «con l'apertura di una trattativa». Ognuno dei due grandi partiti designò allora due mediatori per cercare di trovare un accordo: i sostenitori di Bellisomi indicarono Albani e Braschi, quelli di Mattei scelsero Antonelli e Flangini. Poi ogni partito stilò una lista di cinque nomi per cercare di restringere il numero dei candidati e vedere quale sarebbe emerso escludendo i nomi di Bellisomi e Mattei. Ma neanche questo metodo consentì di raggiungere anche solo una parvenza di consenso. Il 22 febbraio il cardinale Maury ricordava a Luigi XVIII le parole di papa Clemente XIV: il conclave è «un luogo di rispetti, di dispetti e di sospetti», definizione insieme giusta e crudele. In effetti il conclave è davvero «una riunione di rispettati, indispettiti e sospettati», dal momento che alcuni cardinali sembrano degni di essere papa, altri sono delusi di non essere ritenuti tali e altri ancora vengono sospettati di nascondere le proprie ambizioni.

Il 1° marzo il cardinale Braschi cercò di proporre di nuovo la candidatura del dotto e umile cardinale Gerdil. Tentò di far convergere i due partiti su questa scelta ma bisognava assicurarsi che l'Austria non si sarebbe opposta. Così, il 2 marzo, Antonelli interrogò Herzan in un «tête-à-tête [che] durò due ore». Quest'ultimo però oppose «un'esclusione formale dell'imperatore», perché malgrado le virtù e le qualità di Gerdil, l'Austria non poteva accettare un cardinale così legato alla corte di Torino.

«UN FUOCO D'ARTIFICIO»

Dopo aver esplorato invano altre soluzioni (Valenti poi Calcagnini), l'assemblea si orientò verso il cardinale Barnaba Chiaramonti. L'iniziativa era del cardinale Ruffo che era stato, nel regno di Napoli, l'artefice della reazione sanfedista [movimento controrivoluzionario che sosteneva il trono e la Chiesa cattolica, N.d.R.] contro l'effimera Repubblica partenopea (1797-1799). Ma l'idea era stata lanciata molto presto da monsignor Despuig, come sappiamo il rappresentante ufficioso della corte di Spagna. Già il 30 novembre, ancora prima dell'apertura del conclave, poi di nuovo l'11 dicembre, aveva citato il nome del cardinale Chiaramonti come quello che sembrava riunire le migliori qualità per tale ruolo in quel particolare momento storico. Quando l'idea venne di nuovo messa sul piatto, Ruffo, Antonelli e Despuig, assente da Venezia in quel momento, vennero sostenuti con forza da Consalvi, che in qualità di segretario voleva trovare una soluzione allo stallo del conclave.

Chiaramonti, dotto e pio benedettino, era relativamente giovane avendo cinquantotto anni. Era stato professore di filosofia prima di essere nominato vescovo di Tivoli, poi di Imola, ed essere creato cardinale nel 1785. Il cardinale Maury lo descriveva come un «uomo dolce, onesto, molto fine, di intelligenza nella media e abbastanza ben visto nel suo ricco vescovato di Imola». Inoltre Chiaramonti, che fino a quel momento aveva sostenuto Braschi, era «noto per la pietà, la moderazione e la fermezza» ed era «estraneo ai dissapori della Curia».[9]

Dopo il fallimento di tutte le manovre e le combinazioni fu uno slancio spirituale a consentire infine l'elezione. Consalvi dirà che «quest'elezione fu simile a un fuoco d'artificio le cui scintille passano da un razzo all'altro con la rapidità di un fulmine. Tutti ripetevano senza nascondersi e senza mistero: "Il papa è fatto! Chiaramonti è papa" e la notizia risuonava nel conclave».[10]

Si fece in due tempi: per acclamazione prima e per scrutinio poi. Il mattino del 13 marzo, all'uscita di uno scrutinio che ancora una volta non era stato decisivo, il cardinale Antonelli propose di dare il proprio voto e quello del suo partito a Chiaramonti. La proposta «fu accettata immediatamente» dall'altro partito, scrive Maury, che aggiunge: «Di conseguenza andammo tutti insieme alle sei di sera a baciare la mano del nuovo papa». Il rito del baciamano, che tradizionalmente era l'omaggio a seguito dell'elezione per scrutinio, aveva qui un significato più grande. Consalvi lo spiegò nelle sue *Memorie*: «Il papa è eletto con il consenso premeditato di tutti e non per caso o a sorpresa». La designazione per acclamazione venne confermata il giorno seguente (il 14 marzo) con uno scrutinio in cui Chiaramonti venne eletto all'unanimità dei voti tranne il suo, che diede ad Albani, il cardinale decano, per onorarlo.

Prese quindi il nome di Pio VII, in memoria del suo predecessore. Era il trentunesimo papa proveniente dall'ordine benedettino. Scelse la festa di San Benedetto, il 21 marzo, per essere incoronato. Le autorità austriache, insoddisfatte della scelta del conclave, rifiutarono che la cerimonia avesse luogo nella basilica di San Marco. Si svolse quindi nella chiesa abbaziale del monastero di San Giorgio Maggiore. Pio VII era consapevole delle difficoltà che lo attendevano in un'Europa finita da quasi dieci anni in un turbine di rivoluzioni e guerre. La sera dell'incoronazione, rispondendo agli auguri del Sacro Collegio, confidò quasi come una premonizione: «Mi dedico

[9] Philippe Boutry, «Pie VII», in *DHP*, cit., p. 1336.
[10] Ercole Consalvi, *op. cit.*, p. 402.

all'esilio, alle catene, alla morte, non merito niente di più e domando a Dio la grazia solo per la Chiesa».

Pio VII fu papa per ventitré anni. All'indomani dell'elezione, mentre gli venivano fatte pressioni affinché nominasse un segretario di Stato, si rifiutò, dal momento che non c'era più "uno Stato". Per rimarcare la situazione eccezionale in cui si trovava la Santa Sede, il 15 marzo nominò Consalvi «pro-segretario di Sua Santità», un titolo inusuale. Il 3 luglio 1800, quando Pio VII poté rientrare a Roma e riacquisire la sovranità su una parte dello Stato Pontificio, fece Consalvi cardinale e lo nominò, l'11 agosto, segretario di Stato. «A differenza dei suoi predecessori del XVIII secolo, che prima di tutto erano amministratori e politici, Pio VII è un uomo di dottrina e un pastore. Preoccupato di distinguere gli interessi spirituali e materiali della Chiesa, darà una chiara preminenza ai primi».[11]

Restaurò la Curia e introdusse riforme importanti per lo Stato Pontificio. Si dovette occupare soprattutto della politica religiosa, a volte imprevedibile, di Napoleone. Il primo console voleva «riconciliare la Francia con la Chiesa» e «fare tabula rasa della Chiesa gallicana». Nel 1801 venne firmato un concordato con la Francia. Si trattava di un compromesso dalla difficile gestazione che in seguito sarebbe stato modificato unilateralmente attraverso degli «Articoli organici» che limitavano le libertà della Chiesa in Francia e inquadravano strettamente i suoi rapporti con la Santa Sede.

In seguito Pio VII dovette recarsi a Parigi per assistere all'incoronazione dell'Imperatore (1804) prima di subire, quattro anni dopo, una nuova occupazione di Roma da parte delle truppe francesi a partire dal 2 febbraio 1808. Arrestato il 6 luglio 1809, venne condotto agli arresti nella fortezza di Savona, dove arrivò solamente il 17 agosto dopo un viaggio improbabile (Firenze-Torino-Grenoble-Avignone-Nizza) per evitare i territori controllati dagli austriaci. Nel giugno 1812 venne trasferito al castello di Fontainebleau perché Napoleone perseguiva il suo sogno: riunire

[11] Battista Mondin, «Pio VII», in *Nuovo Dizionario enciclopedico dei Papi*, Città Nuova Editrice, Roma 1995, p. 435.

nella stessa capitale l'imperatore e il papa «creando un impero d'Occidente e una dinastia imperiale».[12] Nel gennaio 1813 impose persino al papa dei nuovi accordi (chiamati il «concordato di Fontainebleau») che limitavano ulteriormente la libertà della Chiesa. Pio VII denunciò questo concordato già il 24 marzo. Il papa poté infine tornare a Roma solamente dopo l'abdicazione di Napoleone, nell'aprile 1814.

12 Jean-Marc Ticchi, *Pie VII*, Perrin, Paris 2022, p. 220.

7 · GREGORIO XVI, ELETTO SOTTO MINACCIA (1830-1831)

Nel luglio 1830 una rivoluzione costrinse Carlo X ad abdicare e consentì l'avvento in Francia della monarchia liberale di Luigi Filippo. Secondo l'espressione di Metternich, la rivoluzione di luglio ebbe l'effetto della «rottura di una diga». Da quel momento in Europa si susseguirono moti rivoluzionari per più di un anno. Il Belgio conquistò l'indipendenza; in Polonia l'insurrezione nazionale venne repressa dalla Russia; in Italia diversi sollevamenti scossero lo Stato Pontificio e i piccoli principati; in Germania il Regno di Sassonia e la contea di Brunswick furono obbligati a cambiare sovrano e adottare una costituzione. Nella lunga prefazione che apre *Le foglie d'autunno*, Victor Hugo celebrerà presto, con magniloquenza, l'ondata rivoluzionaria che stava sconvolgendo l'Europa: «Anche negli Stati più pacifici c'è qualcosa di marcio che va in pezzi e, per le orecchie attente, il rumore sordo che fanno le rivoluzioni ancora sotto traccia cresce sotto tutti i regni europei in gallerie sotterranee, ramificazioni della grande rivoluzione centrale il cui cratere è Parigi».[1]

E qualche tempo dopo, il 30 novembre 1830, la morte di Pio VIII sembrò offrire alla rivoluzione un momento favorevole a Roma e in Italia. A quell'epoca il movimento dei carbonari era il gruppo cospirativo più attivo. La Carboneria era una società segreta militante che aveva come obiettivi la riunificazione dell'Italia, la fine del potere

[1] Victor Hugo, *Les Feuilles d'automne*, Eugène Renduel, Paris 1832. Traduzione di Ondina Chirizzi.

temporale dei papi, la laicizzazione della società e l'instaurazione di un regime costituzionale. Senza essere un'emanazione della massoneria, ne aveva adottato alcuni simboli e rituali. Era attiva dal 1821, anno delle prime sollevazioni (*moti carbonari)* nel regno di Napoli e in Piemonte. Verso il 1823 la Carboneria aveva iniziato a insediarsi nella Città Eterna. Contava tra gli aderenti «nobili, avvocati, funzionari, artigiani e molti studenti»[2] e reclutava anche tra gli ex ufficiali e sottufficiali della Grande Armata. Un primo complotto organizzato a Roma, in occasione del Giubileo del 1825, fallì e venne duramente represso.

LA COSPIRAZIONE DI SAN PIETRO

Il conclave che seguì la morte di Pio VIII si svolse in un clima di paura. In effetti si temevano un nuovo complotto dei carbonari e disordini nelle legazioni. La prima delle congregazioni generali a riunire i cardinali nel pre-conclave ebbe luogo il 5 dicembre 1830. Il cardinale Bartolomeo Pacca, decano del Sacro Collegio, rese nota una lettera inviata dal cardinale Albani, segretario di Stato di Pio VIII, prima della morte del papa e senza il suo accordo, al comandante generale delle truppe austriache di stanza a Verona. Aveva richiesto il posizionamento di truppe alla frontiera dello Stato Pontificio in modo che fossero pronte a intervenire in caso di disordini.[3] Ma i cardinali disapprovavano un'iniziativa simile che comprometteva l'indipendenza della Chiesa. Fu allora mandata una nuova lettera al comandante di Verona e all'imperatore d'Austria.

In quegli stessi giorni cruciali, a Roma, la Carboneria preparava un complotto che coinvolgeva in maniera diretta due dei figli di Luigi Bonaparte, l'ex re di Olanda: Napoleone Luigi e Carlo Luigi Napoleone (il futuro Napoleone III). Dal 1823 i due fratelli trascorrevano ogni inverno a Roma con la madre, la regina Ortensia.

[2] Angelica A. Zucconi, «Louis-Napoléon Bonaparte et la question de son affiliation aux *carbonari*», in Pierre Milza (sotto la direzione di), *Napoléon III, l'homme, le politique*, Napoléon III Éditions, Saint-Cloud 2008, pp. 48-49.

[3] Lucius Lector, *op. cit.*, pp. 394-395.

I primi contatti dei fratelli Bonaparte con i carbonari risalgono al 1826-1827, senza che sia noto, tuttavia, il loro grado di iniziazione (primo o secondo). Da allora ebbero stretti legami con il movimento carbonaro in ognuno dei loro soggiorni in Italia.

A partire dalla metà di novembre del 1830 risiedettero di nuovo a Roma, a Palazzo Ruspoli. È in quel periodo che si ritrovarono al centro della cospirazione che si tramava. I congiurati diretti da Carlo Luigi Napoleone Bonaparte formavano un gruppo composito, che comprendeva «nobili romani dalle idee liberali, militari, studenti corsi e romagnoli, personale di servizio dei Bonaparte».[4] C'era anche una guardia nobile delle truppe pontificie, Dante Domenico Troili. Il progetto, precedente alla morte di Pio VIII, trovò nella vacanza della Santa Sede un'occasione per essere attuato. Si trattava di provocare un'insurrezione, impadronirsi del potere a Roma e coinvolgere nella ribellione tutto lo Stato Pontificio. Il piano in otto punti è stato ritrovato a casa di uno dei cospiratori.[5] Era chiaro: il 10 dicembre, all'una e mezza del mattino, alcuni cospiratori si sarebbero riuniti in piazza San Pietro, dove Carlo Luigi Napoleone Bonaparte li avrebbe raggiunti alla testa di un'unità di dragoni pontifici che avevano aderito alla causa, mentre altri si sarebbero riuniti in piazza Santa Maria Maggiore. Avrebbero dovuto coinvolgere gli abitanti dei quartieri popolari di Trastevere e della Lungara «con somme di denaro», attaccare le Carceri Nuove per liberare i prigionieri politici, poi impadronirsi delle armerie pontificie, di Castel Sant'Angelo, del Banco di Santo Spirito (la banca della Santa Sede), prendere alcuni cardinali e il governatore di Roma in ostaggio trattenendoli a Castel Sant'Angelo. L'11 dicembre le legazioni pontificie si sarebbero sollevate. La reggenza sarebbe stata affidata a Carlo Luigi Napoleone Bonaparte, stabilitosi al Campidoglio in attesa che il duca di Reichstadt, l'ex Napoleone II che aveva portato il titolo di re di Roma e che non aveva ancora vent'anni, arrivasse da Vienna per essere incoronato re d'Italia.

[4] Angelica A. Zucconi, *art. cit.*, p. 53.

[5] Testo pubblicato in Rina Del Piano, *Roma e la rivoluzione del 1831 (con documenti inediti)*, Paolo Galeati, Imola 1931, pp. 17-18.

Ma questo ambizioso complotto non poté essere attuato. In effetti la polizia romana, ben informata, aveva avuto sentore del progetto ancor prima che fosse messo in moto. Monsignor Cappelletti, governatore della città di Roma, direttore generale della polizia pontificia e vice camerlengo, chiese al cardinale Fesch di avvertire i suoi pronipoti, i Bonaparte, e fare loro lasciare Roma. Ma il cardinale rifiutò di farlo. Furono quindi prese altre misure già il 7 dicembre per impedire il complotto.

Fallì fin dal primo giorno. Il 10 dicembre gli insorti attaccarono una prigione pontificia, liberarono alcuni prigionieri politici e si impadronirono di alcune armi, mentre in piazza San Pietro Carlo Luigi Napoleone sfilava a cavallo alla testa di una sessantina di uomini. Ma l'insurrezione era nata morta. Le truppe pontificie in stato di allerta dispersero i manifestanti e procedettero ad alcuni arresti. L'11 dicembre ci furono ancora delle scaramucce a piazza Colonna in cui fu coinvolto Carlo Luigi Napoleone. Vi furono diversi feriti. Quello stesso giorno, riuniti per la loro ottava congregazione pre-conclave, i cardinali furono informati della cospirazione e del tentativo di insurrezione. Approvarono le misure già prese. Mentre venivano effettuati altri arresti, il 13 dicembre Carlo Luigi Napoleone, in via del suo status di principe, venne espulso da Roma e scortato fino alla frontiera con il ducato di Toscana. Ne fece motivo di vanto e scrisse persino a un corrispondente: «Dovete aver saputo che sono stato obbligato a lasciare Roma, dove sembra facessi paura ai cardinali. Chi crede che io sia stato ferito da questo affronto si sbaglia. Essere perseguiti da certi governi è un onore...».[6]

Monsignor Polidori, il segretario del conclave che stava per aprirsi, aveva mandato l'11 e il 12 dicembre una nota *riservatissima* a tutti i nunzi e delegati apostolici e agli ambasciatori e diplomatici accreditati presso la Santa Sede. Li informava del complotto già fallito, delle misure prese e degli arresti effettuati. Voleva anche essere rassicurante, riferendo che la popolazione di Roma era rimasta calma ed estranea ai tentativi dei carbonari.

[6] Lettera del 4 gennaio 1831 a Baciocchi, ivi, p. 23.

UN CONCLAVE AL QUIRINALE

Il conclave si aprì il 14 dicembre, quattro giorni dopo il fallimento del primo complotto appena descritto. Si svolse al palazzo del Quirinale, dove era morto Pio VIII. Il Quirinale, situato sul colle che porta il suo nome e oggi residenza ufficiale del presidente della Repubblica italiana, fu per tre secoli uno dei palazzi pontifici di Roma. Nel XIX secolo diversi papi lo preferirono al palazzo del Vaticano e vi risiedettero spesso. Vi si tennero quattro assemblee: nel 1823, nel 1829, nel 1830 e nel 1846. Si svolsero nella cappella Paolina, costruita nel 1615 da papa Paolo V sul modello della cappella Sistina in Vaticano.

Il conclave durò dal 14 dicembre 1830 al 2 febbraio 1831 e fu ricco di colpi di scena. Alla fine l'elezione avvenne solamente dopo cinquanta giorni di conclave e al termine di ottantatré scrutini. Numerose fonti di diverso valore permettono di conoscerne lo svolgimento, pur dovendole confrontare e integrare le une con le altre. Tra le fonti più importanti citiamo il diario di monsignor Pietro Dardano, conclavista del cardinale Morozzo;[7] le lettere e i rapporti inediti redatti dall'ambasciatore straordinario di Francia, il marchese di Latour-Maubourg;[8] le lettere inviate da Luigi Carafa, ambasciatore del regno di Napoli, al suo ministro, il principe di Cassaro;[9] le lettere scritte alla famiglia dal giovane abate Gioacchino Pecci, che diventerà una quarantina d'anni dopo papa Leone XIII.[10]

Fin dal giorno successivo alla scomparsa di Pio VIII, avvenuta il 30 novembre 1830, l'ambasciatore Carafa riteneva che i cardinali si sarebbero divisi in due partiti principali: uno diretto dai cardinali

[7] Pietro Dardano, «Diario dei conclavi del 1829 e del 1830-1831», curato e annotato da D. Silvagni, in *Rivista Europea*, vol. 13, 16 giugno 1879, pp. 605-648, vol. 14, 1° luglio 1879, pp. 5-29 e 16 luglio 1979, pp. 249-271.

[8] *Ambassade extraordinaire de M. le marquis de Latour-Maubourg auprès du conclave du 25 décembre 1830 au 15 février 1831*, 49 pagine manoscritte, CADN, Roma/Santa Sede, 588.

[9] Lettere pubblicate da Eugenio Cipolletta, *Memorie politiche sui conclavi da Pio VII a Pio IX compilate su documenti diplomatici inediti*, Legros e Marazzani Editore, Milano 1863.

[10] Lettere pubblicate da Auguste-Jean Boyer d'Agen, *La Jeunesse de Léon XIII, d'après la correspondance de famille*, A. Mame & Fils, Tours 1896.

Falzacappa e Bernetti, che si sarebbe impegnato per l'elezione di De Gregorio, e l'altro guidato dal cardinale Albani, votato all'elezione di Pacca.[11] Albani sperava di essere nominato segretario di Stato dal futuro papa in cambio del suo supporto.

De Gregorio, creato cardinale nel 1816, era stato uno dei favoriti al conclave del 1829 in cui era stato sostenuto da Francia e Spagna ottenendo fino a 24 voti.[12] Anche questa volta la Spagna ne appoggiava la candidatura. In alternativa, se non fosse stato possibile, avrebbe cercato di ottenere l'elezione di Marco y Catalán.[13] Pacca invece era stato nunzio a Colonia e poi a Lisbona. Fatto cardinale nel 1801, aveva raggiunto Pio VII in esilio a Fontainebleau. Dopo il ritorno a Roma nel 1814 era stato nominato camerlengo, funzione che aveva esercitato fino al 1824. Anche lui era stato uno dei favoriti nel precedente conclave. Alla morte di Pio VIII era stato decano del Sacro Collegio. I suoi sostenitori, chiamati *pacchisti*, costituivano spesso il partito più numeroso. Erano chiamati anche il "partito tedesco" poiché il loro capo, il cardinale Albani, era il portavoce dell'imperatore d'Austria-Ungheria.

In una lettera del marchese di Latour-Maubourg, l'ambasciatore del regno di Napoli accennava la possibilità che l'Austria sostenesse anche la candidatura del cardinale Mauro Cappellari, prefetto della Congregazione de Propaganda Fide (incaricata delle missioni). Carafa riferì alcuni giorni dopo che il 7 dicembre l'ambasciatore d'Austria aveva incontrato Cappellari nella villa del cardinale Albani, fuori Roma.[14] Anche il suo nome era circolato in occasione del

[11] Lettera di Luigi Carafa al principe di Cassaro, ministro degli Affari esteri del regno di Napoli, 1° dicembre 1830, pubblicata in Eugenio Cipolletta, *op. cit.*, pp. 183-188.

[12] Jean Leblanc, *Dictionnaire biographique des cardinaux du XIXe siècle*, Wilson & Lafleur Itée, Montréal 2007, p. 291

[13] Lettera di Ferdinando VII al suo ambasciatore Gómez Labrador, 13 dicembre 1830, citata da José Maria March, «La Exclusiva dada por España contra il cardinal Giustiniani, en el conclave de 1830-1831, según los Despachos Diplomaticos», *Razon y Fé*, n. 420, gennaio 1932, p. 62.

[14] Lettera di Luigi Carafa al principe di Cassaro del 9 dicembre 1830, pubblicata in Eugenio Cipolletta, *op. cit.*, p. 193.

conclave di febbraio 1829. Chateaubriand, allora ambasciatore di Francia a Roma, lo aveva citato: «Si parla molto dei cardinali Pacca, Cappellari, Gregorio; sarebbero scelte eccellenti e papi che seguirebbero il sistema moderato e conciliante di Leone XII».[15] Poco più di un anno dopo gli stessi nomi si sarebbero ritrovati tra i favoriti.

Sui cinquantasei cardinali del Sacro Collegio solamente trentaquattro entrarono in conclave il 14 dicembre 1830. Un'altra decina arrivò nei giorni e nelle settimane seguenti. Il conclave raggiunse solo il 23 gennaio il suo numero massimo di partecipanti: quarantacinque cardinali. La maggior parte era italiana e solo otto erano stranieri: quattro francesi (Fesch, de Croy, d'Isoard e de Rohan-Chabot), due spagnoli (Inguanzo y Rivero e Marco y Catalán), un inglese (Weld) e un austriaco (Gaisruck).

L'agitazione politica a Roma e nello Stato Pontificio e i tentativi di insurrezione allarmarono a più riprese il conclave ma, in fin dei conti, influirono poco sul suo svolgimento e sull'esito. Se fu lungo e laborioso, fu prima di tutto a causa degli interventi esterni, dei veti o delle minacce di veto brandite da diverse grandi potenze.

Il primo scrutinio ebbe luogo la mattina del 15 dicembre. L'«accédat», come diceva l'ambasciatore Latour-Maubourg (l'*accessus* in latino), rimaneva in vigore e designava, come abbiamo visto in altre elezioni, la possibilità di spostare il proprio voto su di un altro candidato dopo la proclamazione del risultato. I votanti erano trentaquattro e si assistette subito a un'ampia dispersione dei voti: nove cardinali ottennero suffragi in proprio favore. Alla prima votazione De Gregorio ottenne 5 voti (più altri 5 *per accessum*), Pacca 8 (più 5 *per accessum*), Cappellari 5 (più 1 *per accessum*). In seguito i *pacchisti* divennero spesso i più numerosi, con il loro candidato che ricevette fino a 19 voti.

L'arrivo degli altri cardinali i giorni successivi cambiò gli equilibri. Così il 18 dicembre l'ambasciatore Carafa scriveva al suo ministro: «Per il momento i diversi partiti serrano le file e si osserva-

[15] Lettera di Chateaubriand a Madame Récamier del 21 febbraio 1829, in *Lettres à Madame Récamier*, Flammarion, Paris 1951, pp. 282-283.

no a vicenda nei diversi scrutini». Sottolineava anche: «I voti più numerosi nei primi scrutini sono andati al cardinale Pedicini e al cardinale Oppizzoni, ma nessuno ha superato i 18 voti». Pedicini, prefetto della Sacra Congregazione dei Riti, e Oppizzoni, che era arcivescovo di Bologna e aveva già ottenuto dei voti nei due precedenti conclavi (1823 e 1829), non rimasero a lungo tra i favoriti, in particolar modo quando si apprese che l'Austria non era favorevole al cardinale Oppizzoni.

I VETI

L'ambasciatore straordinario, il marchese di Latour-Maubourg, arrivò a Roma solamente il 21 dicembre e tre giorni dopo poté entrare in conclave per ricevere udienza dal Sacro Collegio. Nel suo discorso assicurò che «Sua Maestà [Luigi-Filippo], la cui politica si basa sul principio di non intervento, solido fondamento dell'indipendenza degli Stati, non pretende di influire sul lavoro sublime a cui le vostre eminenze sono in questo momento dedite». Allo stesso tempo affermava che il re di Francia era «geloso di conservare la prerogativa della corona che la volontà pubblica aveva posto sulla sua testa», ovvero che si riservava il diritto di esercitare il veto. Ed è proprio quello che accadde in maniera ufficiosa.

Pacca e De Gregorio rimanevano i principali concorrenti senza tuttavia riuscire a raggiungere la maggioranza necessaria. Di fronte a *pacchisti* e *gregorianisti* si sviluppò allora quello che l'ambasciatore francese chiamava il "campo volante", ossia un gruppo di "voti fluttuanti" pronti a spostarsi su questo o quel cardinale. In questo modo alla fine di dicembre emerse un *outsider*: Giustiniani, vescovo di Imola fatto cardinale nel 1826. Il 28 dicembre ottenne 7 voti e altri 9 *per accessum*.

Tre giorni dopo il giovane abate Pecci scriveva al fratello: «Si propongono a volte uno e a volte un altro come papa. Ma se bisogna credere a quello che dicono in molti è opinione diffusa che il papa sarà nominato presto e sarà l'eminentissimo Pacca. In verità il sempre temibile partito del cardinale Albani, che fu in grado l'ultima volta di innalzare Pio VIII al pontificato, oggi appoggia Pacca; e si può sperare che il partito di De Gregorio finirà per unirsi a loro. Ma se questo partito rimane costante e leale a De Gregorio e se non si forma nessun altro gruppo o partito l'elezione andrà per le lunghe. Allora, come è successo in molte altre occasioni, bisognerà scegliere un terzo candidato. Per quest'eventualità si propongono Giustiniani, Macchi, Gamberini o altri cardinali bianchi». La qualifica di «cardinali bianchi» designava Zurla e Cappellari, che appartenevano all'ordine dei camaldolesi, dei monaci cenobiti riconoscibili per la loro veste bianca e la barba.

Il 31 dicembre Giustiniani otteneva 18 voti, Pacca 16, De Gregorio 14, Macchi e Fransoni 3 ognuno. Questa dispersione dei voti e l'instabilità degli scrutini lasciavano presagire un conclave ancora lungo. All'esterno, come d'abitudine, ci si preoccupava della vacanza prolungata della Santa Sede. Si temevano disordini nelle legazioni o perfino a Roma e un nuovo complotto dei carbonari. All'inizio del 1831 monsignor Cappelletti, governatore di Roma, scriveva a monsignor Polidori, segretario del conclave: «Il migliore e unico espediente sarebbe l'elezione rapida di un nuovo papa. L'evento produrrebbe una scossa nella popolazione e la speranza riposta nel nuovo papa calmerebbe gli spiriti».[16]

Nel prosieguo delle votazioni il cardinale Macchi, legato a Ravenna, sembrava guadagnare sempre più voti. Ma la Francia gli era ostile perché era ritenuto troppo favorevole all'Austria. Luigi Filippo gli rimproverava anche di essere rimasto in rapporti stretti con la famiglia reale decaduta, Carlo X e il duca di Bordeaux. Di fronte all'aumento dei voti in suo favore, la Francia si decise a brandire la minaccia di un veto. Il 5 gennaio 1831 il marchese Latour-Maubourg, in qualità di ambasciatore, trasmise un biglietto al cardinale d'Isoard, arcivescovo d'Auch, chiedendogli di rendere nota l'opposizione della Francia alla candidatura di Macchi. Il giorno seguente l'ambasciatore scriveva al suo ministro che il cardinale francese era intervenuto «non pronunciando un'esclusione solenne ma avvertendo che se si fosse

[16] Lettera di monsignor Cappelletti a monsignor Polidori del 4 gennaio 1831, pubblicata da Rina Del Piano, *op. cit.*, pp. 56-57.

insistito nel proporre il cardinale Macchi sarebbe stato necessario escluderlo in virtù degli ordini del suo governo. Questa dichiarazione è stata sufficiente per far ritirare i voti in suo favore e ci stiamo occupando in questo momento di proporre altri nomi».

Il veto ufficioso pronunciato contro Macchi fece spostare un gran numero di voti su Giustiniani, che ne riceveva sempre di più. Il 7 gennaio ne ottenne 21. La Spagna si allarmò. Giustiniani era stato nunzio a Madrid ed era noto, secondo l'espressione dell'ambasciatore francese, «per l'esagerazione dei suoi sentimenti politici e religiosi». La Spagna gli rimproverava di aver difeso, durante la nunziatura, i diritti del clero e di aver cercato di far nominare dei vescovi in Sud America senza l'approvazione del governo spagnolo. Di fronte alla progressione di Giustiniani, anche la Spagna decise di utilizzare ufficialmente il diritto di veto. La procedura si svolse in tre tempi: il 7 gennaio l'ambasciatore consegnò una nota ufficiale che esprimeva la volontà del re Ferdinando VII al cardinale Marco y Catalán; l'8 gennaio il cardinale trasmise la nota al cardinale decano; il 9 venne letta solennemente in conclave.[17] Alla votazione dell'8 gennaio Giustiniani perse 6 voti rispetto allo scrutinio precedente.

Il conclave assegnò allora i suoi voti principalmente ai cardinali Pacca e Cappellari, con quest'ultimo ormai sostenuto dal cardinale Giustiniani. Cappellari ottenne 22 voti in ognuno degli scrutini dell'11 gennaio, poi 24 e 27 voti agli scrutini di sabato 15 gennaio. La sua elezione sembrava certa per la domenica mattina dal momento che gli mancavano solamente due voti per essere eletto. Ma il cardinale Micara fece sapere che Cappellari, essendo nato a Belluno, in Veneto, era suddito austriaco e «per questo, per motivi politici, non sembrava opportuno che uno straniero venisse eletto papa in simili circostanze».[18] Non era un veto, dal momento che Micara non aveva ricevuto mandato da nessuna potenza ed esprimeva solamente

[17] José Maria March, «La exclusiva dada por España contró el cardenal Giustiniani en el conclave de 1830-31 segun los despachos diplomaticos», *Razón y fe*, gennaio 1932, pp. 50-64; marzo 1932, pp. 337-348 e maggio 1932, pp. 43-61.

[18] Lettera di Gioacchino Pecci al fratello Giovanni Battista del 19 gennaio 1831, *op. cit.*, p. 302.

un'opinione ma nel contesto travagliato in cui si svolgeva il conclave l'argomento impressionò alcuni cardinali.

Nella notte tra il 16 e il 17 gennaio «verso le quattro di mattina» ci fu una forte esplosione davanti al portico del Quirinale. Il conclavista Dardano ha annotato nel suo diario che il rumore svegliò tutti i cardinali: «alcuni credettero si trattasse di un colpo di cannone, altri dell'esplosione di una bomba. La preoccupazione fu quasi generale e in molti pagarono dazio al ventre e rimasero a lungo in piedi, come sua eminenza Dandini, o con un accesso di febbre, come il [cardinale] duca di Rohan». In una lettera al fratello del 19 gennaio, anche il giovane Pecci riferì dell'incidente: «Un rumore così forte, così sorprendente che sembrava un colpo di cannone o di bombarda. Tutti sentirono quel terribile fracasso, anche quelli che alloggiavano sull'altra riva del Tevere. Immaginate il disordine, il terrore, le palpitazioni di angoscia che assalirono l'animo dei cardinali, dei conclavisti ecc.». Vennero chiamate le truppe pontificie come rinforzo e furono schierate intorno al Quirinale. Si scoprì allora che si trattava di una «semplice castagnola» (una bomba artigianale composta da «quattro o cinque libbre di polvere» impacchettate in maniera semplice). Si trattava quindi di una provocazione più che di un attentato. Polidori, in qualità di segretario del conclave, cercò di minimizzare l'incidente in una circolare del 18 gennaio. Cion定nostante il 24 gennaio ci furono altre due esplosioni (dei petardi), questa volta all'interno del palazzo stesso del Quirinale.

Le votazioni continuarono a susseguirsi senza raggiungere una maggioranza. Il 25 gennaio l'ambasciatore di Francia spiegò, in un dispaccio cifrato al suo ministro, che il cardinale Albani voleva scartare il cardinale Cappellari ma che «non voleva tuttavia disarmarsi pronunciando contro di lui l'esclusione formale dell'Austria, che teneva di riserva contro il cardinale De Gregorio, oggetto della sua implacabile avversione». Si ritrova una eco simile nel diario di monsignor Dardano: «L'imperatore non ha chiesto l'esclusiva [contro Cappellari] ma la personalità del monaco bianco non è gradita alla Corte d'Austria». Questo rifiuto non ufficiale, aggiungeva Dardano, era volto a trattenere «i pacchisti vacillanti» e a «farli rimanere separati dal partito De Gregorio-Giustiniani-Cappellari».

La minaccia di un veto austriaco contro De Gregorio non aveva impedito che ricevesse ancora un numero importante di voti. Il 29 gennaio, ossia il quarantaseiesimo giorno del conclave, l'ambasciatore di Napoli riteneva che due partiti principali si contendessero i suffragi: De Gregorio ottenne 18 voti e Pacca 22, «mentre tutti restano fermi sulle proprie posizioni».[19] Il giorno successivo il giovane Pecci, ben informato, aveva un parere simile ma citava un altro nome: «Resistono i due partiti di Pacca e Cappellari».

Alla fine fu determinante l'azione del cardinale Odescalchi in favore di Cappellari. Secondo l'ambasciatore Latour-Maubourg, compì «approcci influenti nei confronti di alcuni membri del partito Albani». Mostrò, anche ai «più timorosi», «il danno causato alla Chiesa da una vacanza così prolungata della Santa Sede». Infine, con l'appoggio dell'Austria, il cardinale Cappellari venne eletto al cinquantesimo giorno di conclave. Era la mattina del 2 febbraio, all'ottantatreesimo scrutinio. Aveva ottenuto 32 voti su 45, Pacca ne aveva ricevuti ancora 7, De Gregorio 3, Galleffi 2 e Gazzola 1 (sebbene non avesse potuto partecipare al conclave).

Il neo-eletto prese il nome di Gregorio XVI, in memoria di tre eminenti papi che avevano portato quel nome: Gregorio I Magno, dottore della Chiesa; Gregorio VII, difensore dei diritti della Chiesa di fronte all'imperatore germanico; e Gregorio XV, fondatore della Congregazione de Propaganda Fide. Il suo pontificato, segnato da uno spiccato antiliberalismo e dalle condanne dottrinali, tra cui in particolare quella di Lamennais, lascerà l'immagine di un papa intransigente, «zelante» [in italiano nel testo, N.d.R.] e «ultraconservatore». Ma Christopher Korten ha dimostrato che, tuttavia, al momento dell'elezione in seno al conclave e al personale diplomatico era ritenuto un moderato.[20]

[19] Lettera di Luigi Carafa al principe di Cassaro del 29 gennaio 1831, pubblicata in Eugenio Cipolletta, *op. cit.*, p. 210.

[20] Christopher Korten, «The Conclave of 1830/1: How Mauro Cappellari Was Elected

«RINUNCIATE AL POTERE TEMPORALE»

Tre giorni dopo l'elezione del papa vi furono dei moti carbonari nello Stato Pontificio (in Romagna, in Emilia, nelle Marche e in Umbria) e nei ducati vicini (Modena e Parma). L'insurrezione nata a Bologna si diffuse in seguito in altre città: Forlì, Ferrara e Ravenna. A Bologna, il 5 febbraio, il vice-legato pontificio fu costretto a cedere il suo potere a una commissione provvisoria.

Quest'insurrezione allarmò Roma. L'intronizzazione di Gregorio XVI fu allora organizzata in fretta e la cerimonia di incoronazione ebbe luogo il 6 febbraio. Quel giorno, secondo la testimonianza del giovane abate Pecci, il nuovo papa prese una serie di misure per cercare di pacificare Roma e le legazioni: «Sono state distribuite cinquantamila libbre di pane e cinquantamila libbre di carne ai bisognosi [...] Saranno inoltre accordate alle province cinquanta doti da dieci scudi ognuna. Inoltre, tutti i lavoratori o per meglio dire gli oziosi che stazionano al Campo Vaccino saranno d'ora in avanti impiegati nella costruzione di case per i bisognosi. Questi nuovi edifici formeranno un *borgo* [quartiere], non sappiamo ancora dove, che prenderà il nome di *Borgo Gregoriano*».

Ma l'insurrezione continuò a diffondersi. Il 19 febbraio Gregorio XVI dovette chiedere l'intervento delle truppe austriache nelle legazioni. Il 26 febbraio i delegati delle città insorte si riunirono a Bologna, proclamarono la decadenza del papa in quanto sovrano temporale e la costituzione delle Province italiane unite.[21] Fu formato un governo provvisorio. Tra i ministri vi era il colonnello Armandi, che aveva prestato servizio nella Grande Armata e che era diventato precettore di Napoleone Luigi Bonaparte. I due fratelli Bonaparte lasciarono Firenze e si unirono all'insurrezione a Bologna.[22]

and Other Reflections», in Ugolini Romano (a cura di), *Gregorio XVI tra oscurantismo e innovazione*, F. Serra, Pisa 2012, p. 28.

[21] Pierre Milza, *Napoléon III*, Perrin, Paris 2007, p. 63.

[22] Fernand Beaucour, «Les frères Bonaparte et les *carbonari* en 1831 à la naissance de l'unité italienne», *Études napoléoniennes*, n. 41, 2006, pp. 69-74. Si veda anche Giampietro Berti e Franco Della Peruta (a cura di), *La nascita della nazione. La Carboneria. Intrecci veneti, nazionali e internazionali*, Minelliana, Rovigo 2004.

Il carbonaro Socognani, altro veterano della Grande Armata, marciò su Roma alla testa di quattromila uomini. I due fratelli Bonaparte lo raggiunsero a Spoleto. Vennero posti ognuno alla guida di un distaccamento. Carlo Luigi Napoleone Bonaparte assediò Civita Castellana, una fortezza situata a una cinquantina di chilometri a nord di Roma. Liberò alcuni prigionieri politici e lanciò un appello a papa Gregorio XVI: «Se rinunciate al potere temporale, tutta la gioventù vi adorerà e diventerà il più solido sostegno di una religione appoggiata da un grande papa e che ha per fondamento il libro più liberale che esista, il divino Vangelo».[23]

Ma il sogno napoleonico di mettere fine al potere temporale del papa e unificare l'Italia fu di breve durata. Le truppe austriache arrivate in soccorso di quelle pontificie misero fine all'insurrezione in un mese. Napoleone Luigi morì di un'epidemia di morbillo che aggravò le sue ferite, mentre Carlo Luigi Napoleone riuscì a fuggire in segreto grazie alla protezione della madre prima di conoscere un nuovo esilio.

Nel frattempo le grandi potenze erano preoccupate dalla serie di tentativi di sollevamento a Roma e nello Stato Pontificio. Vi vedevano un pericolo per l'Europa, ritenendo che «la rivoluzione in uno Stato minore poteva mettere in pericolo la pace e la stabilità di tutta l'Europa».[24] Le grandi potenze concordavano sulla necessità di riforme nello Stato Pontificio. In quest'ottica i rappresentanti di cinque Paesi (Austria, Russia, Francia, Inghilterra e Prussia) si riunirono nell'aprile 1831 a Roma. Il 21 maggio, consegnarono un *Memorandum* al cardinale Bernetti, segretario di Stato di Gregorio XVI. Proponevano una serie di misure: ammettere i laici nell'amministrazione dello Stato Pontificio, riformare l'organizzazione giudiziaria, istituire nelle città dei consigli municipali e provinciali eletti, creare un organismo indipendente nato da questi consigli per

[23] Citato da Alain Frerejean, *Napoléon III*, Fayard, Paris 2017, p. 30.

[24] Alan J. Reinerman, «The Concert Baffled: The Roman Conference of 1831 and the Reforms of the Papal State», *The International History Review*, vol. 5, n. 1, febbraio 1983, p. 21.

controllare le finanze dello Stato Pontificio. Ma Gregorio XVI, pur avendo intrapreso diverse riforme nello Stato, seguì solo in parte le raccomandazioni delle grandi potenze.

ELEGGERE UN PAPA IN UNA SITUAZIONE ECCEZIONALE

I disordini conosciuti dallo Stato Pontificio durante il conclave e negli anni successivi preoccuparono Gregorio XVI. In seguito, a più riprese durante il suo pontificato, stabilì nuove regole per l'elezione del papa in caso di circostanze eccezionali. In pochi anni fece promulgare quattro bolle. Per assicurarne l'efficacia non furono rese pubbliche.[25]

Così, meno di un mese dopo la sua elezione, con la bolla *Auctas undequaque* (1° marzo 1831), Gregorio XVI stabilì che nell'ipotesi in cui il papa fosse costretto a lasciare Roma, alla sua morte, a prescindere dal luogo in cui si trovasse, sarebbe stato compito del cardinale decano del Sacro Collegio scegliere il luogo in cui si sarebbe svolta l'elezione pontificia. Poi con la bolla *Temporum quae nacti sumus* del 1832 questa regola venne estesa al caso in cui il papa fosse morto a Roma e non fosse possibile tenere là un conclave. Con una terza bolla, *Teterrimis* (26 ottobre 1837), vennero prese disposizioni ancora più audaci: alla morte del papa si sarebbero riuniti cinque cardinali, tra cui il vicario di Roma e il camerlengo, e nel caso in cui la situazione fosse ritenuta pericolosa avrebbero potuto decidere di procedere immediatamente all'elezione, perfino prima che si svolgessero i funerali del papa defunto. La maggioranza dei due terzi dei voti sarebbe stata necessaria solo alle prime due votazioni, mentre in seguito sarebbe stata sufficiente una semplice maggioranza. In questo scenario il prossimo papa avrebbe potuto essere eletto solamente da tre cardinali sui cinque presenti! Una disposizione simile era in contrasto con tutte le regole tradizionali del conclave ed è quindi comprensibile che Gregorio XVI preferisse tenerla segreta.

Infine con una quarta bolla, *Ad supremam* del 1° novembre 1844, si decisero nuove regole, abrogando le tre precedenti. Gregorio XVI

[25] Sono state presentate da Ambrogio M. Piazzoni, *op. cit.*, pp. 234-235.

non stravolgeva più l'organizzazione del conclave né le condizioni per l'elezione del papa, ma introduceva una nuova disposizione: alla morte del papa, se i cardinali presenti lo avessero ritenuto necessario, il conclave avrebbe potuto aprirsi immediatamente, senza aspettare l'arrivo dei cardinali più lontani. Importava solo che fosse rispettata la regola dei due terzi dei suffragi espressi per ottenere l'elezione.

Nemmeno questa bolla fu pubblicata, né comunicata ai cardinali. Il papa l'aveva consegnata sigillata a monsignor Corboli Bussi, segretario della Congregazione concistoriale e del Sacro Collegio, affidandogli la missione di leggerla ai cardinali il giorno della sua morte. E così accadde. Gregorio XVI morì il 1° giugno 1846. Il Sacro Collegio contava allora sessantadue cardinali, la cui stragrande maggioranza, cinquantasette, era italiana. Il 14 giugno fu aperto il conclave senza aspettare l'arrivo di tutti i cardinali stranieri (ne erano presenti solamente tre su otto). Il cardinale Giovanni Maria Mastai Ferretti, vescovo di Imola, venne eletto al secondo giorno di votazioni al quarto scrutinio. Prese il nome di Pio IX e proseguì la politica antiliberale del suo predecessore, pur essendo, per certi aspetti, un papa riformista.

8 · PIO X E LA FINE DEL VETO POLITICO (1914)

Leone XIII morì il 20 luglio 1903 dopo venticinque anni di pontificato. Aveva impartito un ampio insegnamento dottrinale e condotto una politica molto attiva. Si era opposto alla politica anticlericale dei governi francesi dopo il 1877, poi aveva sostenuto l'"adesione" dei cattolici francesi alla Repubblica, sperando di favorire l'azione della Chiesa. D'altra parte aveva mantenuto una ferma linea di protesta contro l'annessione dello Stato Pontificio e di Roma compiuta dal Regno d'Italia nel 1870. A livello internazionale aveva disapprovato la Triplice Alleanza, che dal 1882 univa Germania, Austria-Ungheria e Italia.

Dato il suo forte coinvolgimento negli affari internazionali, la successione venne monitorata da vicino dalle grandi potenze. In questo modo, quando dopo la sua morte si riunì il conclave, l'Austria-Ungheria non esitò a utilizzare il diritto di veto. Fu l'ultima intrusione da parte di una potenza temporale.

I PAPABILI

Il conclave che si aprì nel luglio 1903 è abbastanza noto attraverso i resoconti o i diari lasciati da alcuni partecipanti al conclave: i cardinali Mathieu, Perraud, Kopp e Ferrari; monsignor Rafael Merry del Val, allora segretario del Sacro Collegio; l'abate Maurice Landrieux, conclavista del cardinal Langénieux; e l'abate Albin de Cigala, cappellano del principe Chigi, maresciallo del conclave.[1] I dispacci dei

[1] Un testimone [cardinale Mathieu], «Les derniers jours de Léon XIII et le conclave de 1903», *Revue des Deux Mondes*, 15 marzo 1904, pp. 241-285; Adolphe Perraud,

diplomatici francesi[2] e austriaci sono un'altra fonte che consente di ricostruire lo svolgimento del conclave e i suoi preparativi.

Il Sacro Collegio contava allora sessantaquattro cardinali. Due non parteciparono al conclave: Pietro Celesia, arcivescovo di Palermo, troppo anziano, non poté recarsi a Roma; Patrick Moran, arcivescovo di Sydney, non riuscì ad arrivare in tempo per l'apertura del conclave. I sessantadue cardinali che parteciparono all'elezione del successore di Leone XIII erano quasi tutti europei. Gli italiani erano i più numerosi: trentotto, ossia più del 60% degli elettori. C'erano anche sette francesi, cinque spagnoli, cinque cardinali dell'Impero austro-ungarico, tre tedeschi, un portoghese, un belga e un irlandese. Uno solo dei prelati presenti non era europeo: il cardinale James Gibbons, arcivescovo di Baltimora. Era la prima volta che gli Stati Uniti erano rappresentati in un conclave.

D'altra parte le grandi potenze avevano tutte una preferenza e l'avevano fatto capire ai cardinali elettori. La Francia sosteneva ufficiosamente la candidatura di Rampolla, perché l'ex segretario di Stato di Leone XIII passava per essere francofilo. E soprattutto, come sottolineava l'ambasciatore di Francia presso la Santa Sede riferendosi alla politica di «adesione», «è sotto il suo ministero che

---

«Journal du conclave de 1903», *Oratoriana*, n. 12, maggio 1966 pp. 57- 68; lettera del cardinale von Kopp al cancelliere von Bülow del 4 agosto 1903, pubblicata in Bernhard von Bülow, *Mémoires du chancelier prince de Bülow*, Plon, Paris 1930, t. II, pp. 26-30; Enrico Cattaneo, «Il diario per il conclave di Pio X scritto dal card. Ferrari», *Ricerche storiche sulla Chiesa ambrosiana*, 14, 1985, pp. 91-122; Rafael Merry del Val, *Pie X. Impressions et souvenirs*, Éditions de l'Œuvre de Saint-Augustin, Saint-Maurice 1951, pp. 17-21 e «Ristretto della Relazione compilata da S.E.R. Mgñor Raffaele Merry del Val», pubblicata in Luciano Trincia, *Conclave e potere politico. Il veto a Rampolla nel sistema delle potenze europee (1887-1904)*, Edizioni Studium, Roma 2004, pp. 247-280; Maurice Landrieux, «Le conclave de 1903. Journal d'un conclaviste», Études, novembre 1958, pp. 157-185; Albin de Cigala, *Vie intime de Sa Sainteté le pape Pie X*, Lethielleux, Paris 1926, pp. 94-134.

2 Centre des Archives diplomatiques de La Courneuve (CAD), Correspondance politique, Roma/Santa-Sede, NS 3 e 4 e Centre des Archives diplomatiques de Nantes (CADN), Roma/Santa-Sede, 588. Si veda anche Pierre Blet, «La diplomatie française et l'élection de Pie X», in Schambeck Herbert (a cura di), *Pro Fide et Iustitia. Festschrift für Agostino Kardinal Casaroli zum 70. Geburstag*, Duncker & Humblot, Berlin 1984, p. 549.

la Santa Sede ha ufficialmente aderito alla forma di governo che regge la Francia da più di trent'anni».[3] Il governo francese sperava inoltre che Rampolla avrebbe cambiato la politica della Santa Sede. Così scriveva Théophile Delcassé, ministro degli Affari esteri, al suo ambasciatore a Roma: «Mai come prima è importante che il successore di Leone XIII abbia l'apertura mentale data dalla conoscenza del mondo e la pratica dei suoi affari e che invece di reagire si pieghi ancora di più, se possibile, alle necessità del tempo, più desideroso di calmare le passioni che di esasperarle sfidandole. Questa è la preoccupazione anche del governo spagnolo, secondo quanto mi diceva ieri il suo ambasciatore riconoscendo tutte queste qualità desiderabili nel segretario di Stato. È quindi a lui che vanno le nostre preferenze o in alternativa a un candidato da lui stesso designato».

I giorni successivi Delcassé ricevette uno dopo l'altro quattro dei sette cardinali francesi (Richard, Lecot, Langénieux e Labouré) e fece loro capire che Rampolla aveva i favori del governo. A Barrère, ambasciatore di Francia a Roma, scrisse: «Ieri ho avuto un colloquio con il cardinale Langénieux che mi ha lasciato un'ottima impressione. Non ho pronunciato nessun nome, cosa di cui mi ha ringraziato, ma ha indicato di avermi capito perfettamente».[4] Durante una riunione tenutasi a Roma il 29 luglio, i sette cardinali francesi decisero di votare all'unanimità al primo turno per il favorito del governo. Ciò non significa tuttavia che tutti i cardinali francesi volessero vedere Rampolla diventare papa. Alcuni non erano soddisfatti della politica che aveva condotto e auspicavano l'elezione di un altro prelato. Alla fine il voto del primo turno aveva per loro piuttosto il senso di un omaggio a Leone XIII.[5]

Anche la Russia, che non aveva nessun cardinale, era favorevole a Rampolla perché si era mostrato molto slavofilo durante il pon-

[3] Dispaccio di Nisard a Delcassé, 19 aprile 1903, CAD, NS 3, ff. 42-45.

[4] Dispaccio di Delcassé a Barrère, 26 luglio 1903, CAD, NS 3, f. 294.

[5] Testimonianza di Maurice Landrieux, *art. cit.*, p. 169. Riporta anche, alla vigilia del primo scrutinio: «... So che alcuni sarebbero delusi se questa manovra portasse a un'elezione» (p. 172).

tificato di Leone XIII e non aveva esitato a entrare in conflitto con l'Impero austro-ungarico su diverse questioni.

In un primo tempo l'Austria non diede, da parte sua, nessuna indicazione di voto esplicita. Durante una riunione dei cardinali dell'Impero austro-ungarico prima della partenza per Roma, il conte Agenor Maria Gołuchowski, ministro degli Affari esteri, li aveva invitati a «dare il proprio voto al candidato che fosse sembrato loro il più moderato ed estraneo alle lotte politiche, senza indicare nessuno personalmente».[6] Ma l'ostilità dell'Austria verso il cardinale Rampolla era già chiara. L'ambasciatore d'Austria presso la Santa Sede affermò: «Nessun altro ha mostrato apertamente la sua avversione nei nostri confronti quanto il cardinale segretario [di Stato] in ogni occasione. Di carattere ipocrita e violento, era sempre pronto a esercitare il suo potere in senso contrario ai nostri interessi».[7]

Anche la Germania era da tempo avversa a Rampolla. Prima dell'apertura del conclave i cinque cardinali provenienti dall'Impero austro-ungarico e i due dell'Impero tedesco si consultarono e fecero allineare alla loro visione il solo elettore nordamericano, Gibbons. Avrebbero votato tutti per il cardinale Gotti e, in alternativa, per il cardinale Serafino Vannutelli.[8]

Gotti era prefetto della Congregazione de Propaganda Fide (la congregazione responsabile delle missioni). Non era un politico come Rampolla, era un religioso carmelitano e non un prete laico esperto degli affari del mondo. Il conclavista Landrieux ha perfino notato: «Qui a Roma Gotti è molto stimato, ma è una sfinge: non si sa né cosa pensi né cosa farebbe. Ci si augura S. Vannutelli».[9]

[6] Dispaccio di Reverseaux, ambasciatore di Francia a Vienna, a Delcassé, 9 luglio 1903, CAD, NS 3, f. 157.

[7] Lettera di Revertera, ambasciatore d'Austria presso la Santa Sede, 30 gennaio 1897, citata da Friedrich Engel-Janosi, «L'Autriche au conclave de 1903», *Revue belge de philologie et d'histoire*, t. XXIX, 1951, fasc. 3, p. 1128.

[8] Lettera del cardinale von Kopp al cancelliere von Bülow del 4 agosto 1903, Bernhard von Bülow, *op. cit.*, pp. 27-28.

[9] Ivi, p. 162.

Serafino Vannutelli era invece penitenziere maggiore. Godeva dei favori dell'Austria perché era stato nunzio a Vienna dal 1880 al 1887 ed era stato apprezzato dal governo. Aveva un fratello, Vincenzo Vannutelli, anche lui cardinale. Portavano avanti una campagna attiva ma avevano lo svantaggio di essere fratelli… In effetti, dal mese di giugno, l'ambasciatore di Francia presso la Santa Sede Nisard osservava: «Il cardinale Serafino [Vannutelli] ha conservato la sua situazione, ma nella Curia permane la diffidenza nei confronti di un pontificato di famiglia rappresentato da due fratelli».

Anche l'Italia era ostile a Rampolla, in particolar modo perché aveva costantemente difeso i diritti della Santa Sede ingiustamente depredata e la legittimità del potere temporale del papa.

Al contrario la Spagna, inizialmente prevenuta nei confronti di Rampolla, si schierò infine dalla sua parte, convinta dalle argomentazioni dell'ambasciatore di Francia a Madrid Jules Cambon e perché si era saputo che il cardinale spagnolo Vivès y Tuto, un cappuccino, lo sosteneva.

I pareri erano quindi discordanti e nulla era già deciso. Circolava molto anche il nome del cardinale Giuseppe Sarto, patriarca di Venezia, probabilmente uno dei prelati più popolari in Italia. Nisard, l'ambasciatore di Francia presso la Santa Sede, sottolineava il 10 luglio che per la stampa italiana tra i cardinali che non appartenevano alla Curia «il patriarca Sarto aveva le maggiori possibilità». Ma a tre giorni dal conclave il nome del cardinale Sarto non compariva più nella lista dei sette papabili più in vista inviata dall'ambasciatore a Delcassé…

LE PRIME VOTAZIONI

Il 21 luglio 1903 i cardinali tennero la prima congregazione generale pre-conclave. Durante la riunione elessero come segretario del Sacro Collegio monsignor Rafael Merry del Val, fino ad allora presidente dell'Accademia pontificia dei nobili ecclesiastici (l'istituzione responsabile della formazione dei futuri diplomatici della Santa Sede). Si tennero dieci congregazioni generali, una al giorno. Vi furono discusse e a volte messe ai voti tutte le disposizioni pratiche relative al futuro conclave. Per esempio, un cardinale chiese se fosse possibile compilare la scheda di voto nella cella, prima di recarsi nella cappella Sistina dove si svolgevano gli scrutini. Il cardinale decano rispose che «non è affatto vietato, ma è quantomeno contrario allo spirito della legge, dal momento che il voto deve essere scritto dopo l'invocazione allo Spirito Santo nella cappella Sistina durante lo scrutinio».[10]

L'ingresso in conclave avvenne venerdì 31 luglio alle cinque del pomeriggio. I cardinali potevano essere accompagnati solo da due persone, nei confronti di cui erano tenuti al segreto assoluto: un conclavista e una guardia nobile. Il cardinale Sarto scelse il suo segretario, monsignor Bressan, come conclavista e il conte Stanislao Muccioli come guardia nobile. Il maestro di cerimonia del conclave fu il cardinale Oreglia in qualità di decano del Sacro Collegio e camerlengo. Era anche il solo cardinale creato da Pio IX ancora in vita. Monsignor Merry del Val, come abbiamo visto, fu il segretario del conclave.

Sessantadue cardinali si riunirono nella cappella Sistina per prestare giuramento. Tra di loro due malati dovettero rimanere a letto e non poterono assistere alle sedute di voto nella cappella Sistina: Herrero e Cretoni. Ci si recò in ogni caso nelle loro celle per raccoglierne le schede a ciascuno scrutinio.

Verso le sette e mezzo di sera i cerimonieri percorsero i corridoi gridando il tradizionale «*extra omnes*» (familiarmente detto: "Tutti fuori!"), mentre il cardinale Oreglia e i suoi assistenti si assicuravano che tutte le porte fossero chiuse e le aperture murate, in modo che tra gli elettori e l'esterno non si potesse scambiare nessuna comunicazione. Il cardinale Sarto il giorno successivo confidò al suo segretario di non essere riuscito a dormire. Aveva passato gran parte della notte in preghiera.

Il mattino del 1° agosto, dopo la messa detta di comunione in cui i cardinali assistevano a quella celebrata dal cardinale decano

[10] Rafael Merry del Val, «Ristretto della Relazione», cit., pp. 268-269. Traduzione di Ondina Chirizzi.

e ricevevano la comunione dalle sue mani, iniziarono le votazioni. Servirono sette scrutini, uno il mattino e uno la sera per diversi giorni, per eleggere colui che prese il nome di Pio X. Lo svolgimento del conclave e le votazioni successive si possono ricostruire grazie alle fonti e alle testimonianze già citate.[11]

Al primo scrutinio, il 1° agosto mattina, Rampolla ottenne 24 voti, Gotti 17, Sarto 5 e Vannutelli 4. Inoltre i cardinali Oreglia, Capecelatro, Di Pietro, Agliardi, Ferrata, Cassetta, Portanova, Segna, Tripepi e Richelmy ottennero ognuno uno o più voti al primo scrutinio o nei seguenti. Tuttavia non figurarono mai tra i favoriti.

Per molti osservatori non ecclesiastici e per un certo numero di cardinali, Rampolla era il candidato designato alla successione di Leone XIII perché avrebbe certamente proseguito la politica di colui che aveva servito come segretario di Stato. Ma la progressione del suo numero di voti da uno scrutinio all'altro non fu straordinaria. In effetti al secondo scrutinio, nel pomeriggio del 1° agosto, guadagnò solo 5 voti, ottenendone 29, segno che il suo nome incontrava forti opposizioni all'interno del Sacro Collegio. Il cardinale Sarto, da parte sua, raddoppiò il numero dei propri voti, passando al secondo scrutinio da 5 a 10. Ciò gli fece dire in latino al suo vicino, il cardinale Lecot: «*Volunt jocari super nomen meum*» ("Vogliono divertirsi con il mio nome").

IL VETO CONTRO RAMPOLLA

Prima del terzo scrutinio, ossia prima del voto del 2 agosto mattina, si verificò un evento inaspettato. Venne opposto un veto all'elezione del cardinale Rampolla in nome dell'Imperatore d'Austria-Ungheria. Ora, l'Austria aveva già esercitato questo diritto nei due conclavi precedenti (1846 e 1878).

Numerosi cardinali pensavano che ormai le potenze politiche in condizione di avvalersene non avrebbero più osato farlo. In effetti, negli ultimi anni del pontificato di Pio IX, secondo due articoli non

[11] Si veda anche Christian-Philippe Chanut, *L'Élection de saint Pie X*, Sicre Éditions, Paris 2003, e Luciano Trincia, *op. cit.*

firmati e pubblicati sulla rivista ufficiosa della Santa Sede, *Civiltà Cattolica*, il diritto di veto era diventato obsoleto.[12] Poi, nel 1878, all'indomani dell'elezione di Leone XIII, la rivista era tornata sull'argomento, affermando in particolare: «Era una sorta di privilegio tollerato nella Chiesa quando gli Stati erano strettamente legati tra loro e professavano la religione cattolica come Stati. Ma ora che si sono più o meno separati dalla Chiesa e non rispettano più i santi diritti [della Chiesa], l'antico privilegio non ha più motivo di esistere».[13]

Quindici giorni prima del conclave dell'estate 1903, l'ambasciatore di Francia a Vienna non credeva che l'imperatore d'Austria potesse esercitare nuovamente il diritto di veto. Lo aveva scritto a Delcassé: «Secondo informazioni che ritengo certe, il governo imperiale e reale non avrebbe alcuna intenzione di esercitare il diritto di veto al conclave, dal momento che il conte Gołuchowski considera questo diritto ormai desueto dopo la soppressione del potere temporale [del papa]».[14] Tuttavia il ministro degli Affari esteri austriaco era pronto a ricorrervi, come scriveva al suo ambasciatore presso la Santa Sede la sera stessa della morte di Leone XIII: «Il membro del Sacro Collegio contro cui bisognerebbe ricorrere al veto in casi estremi è il cardinale Rampolla».[15]

Secondo il cardinale Mathieu, durante il conclave del 1903, quando Rampolla ottenne 29 voti al secondo scrutinio, il cardinale Puzyna, vescovo di Cracovia (allora parte dell'Impero austro-ungarico), avrebbe avvertito l'ambasciatore d'Austria presso la Santa Sede, il conte Szécsen. Quest'ultimo ne avrebbe informato subito per telefono il ministro degli Affari esteri a Vienna e gli avrebbe chiesto istruzioni. L'imperatore Francesco Giuseppe avrebbe allora deciso di ricorrere al tradizionale diritto di veto.

12 «I diritti dei Governi sopra il Conclave», *Civiltà cattolica*, 9 luglio 1872, pp. 168-174 e 23 luglio 1872, pp. 291-311.

13 «La divina Provvidenza nell'Elezione del Sommo pontefice Leone XIII», *Civiltà cattolica*, 4 marzo 1878, p. 643.

14 Telegramma del 15 luglio 1903, CADN, Roma/Santa-Sede, 588.

15 Telegramma cifrato del ministro austriaco degli Affari esteri al suo ambasciatore presso la Santa Sede, 20 luglio 1903, citato da Friedrich Engel-Janosi, *art. cit.*, p. 1135.

Ma monsignor Merry del Val, segretario del conclave, contesterà questa versione dell'accaduto. Affermò che il cardinale Puzyna aveva già con sé la nota ufficiale da condividere con il conclave se necessario. La sera del 1° agosto «decise di agire». Cercò allora di consegnare al cardinale camerlengo la dichiarazione di veto da leggere il giorno successivo in nome dell'imperatore Francesco Giuseppe, ma quest'ultimo rifiutò di ricevere tale documento. La mattina seguente Puzyna provò allora a comunicare la nota al segretario del conclave, ma anche lui la rifiutò. Andò anche ad avvertire Rampolla. Poi, subito prima del terzo scrutinio (ossia il mattino del 2 agosto), si alzò per leggere una comunicazione in latino. Dichiarò «ufficialmente in nome e per l'autorità di sua Maestà Apostolica Francesco Giuseppe, imperatore d'Austria e re d'Ungheria, che sua Maestà, avvalendosi di un antico diritto e privilegio, pronuncia il veto di esclusione contro sua Eminenza il cardinale Mariano Rampolla del Tindaro».

Il cardinale Puzyna aveva parlato in maniera molto rapida e con voce commossa. Numerosi prelati non avevano capito il senso della dichiarazione e alcuni non l'avevano neanche sentita per intero. Un cardinale italiano rilesse quindi in maniera più chiara la dichiarazione. A quel punto tutti compresero che era stato posto un veto contro Rampolla.

Nessuno dei partecipanti al conclave ha spiegato i motivi che spinsero l'Austria a questo veto negli scritti già citati. Neanche i primi biografi di Pio X si sono avventurati in spiegazioni di questa esclusiva contro l'ex segretario di Stato di Leone XIII. Da allora gli storici hanno avanzato diverse ragioni di ordine politico.[16]

Da una parte l'Austria era scontenta dell'appoggio dato dall'ex segretario di Stato alle aspirazioni degli slavi nei Balcani e della volontà della Santa Sede di ristabilire buoni rapporti con la Russia. Il cardinale Puzyna, da parte sua, accusava Rampolla di aver sacrificato gli interessi dei polacchi alla sua politica in favore della Russia. Del resto una parte di queste critiche si ritrovava anche nelle relazioni dei diplomatici francesi all'epoca del conclave. Georges Bihourd, ambasciatore

[16] Oltre l'articolo citato di Friedrich Engel-Janosi, si veda Luciano Trincia, *op. cit.*

di Francia a Berlino, scriveva al suo ministro: «Il governo austro-ungarico teme sopra ogni cosa il successo del cardinale Rampolla: Vienna è preoccupata che l'elezione di quest'ultimo possa incoraggiare le aspirazioni indipendentiste degli slavi cattolici della Croazia, della Carniola, della Boemia e di altre parti della Monarchia…».[17]

Ma dopo l'elezione il console generale di Francia in Ungheria avanzò un ulteriore motivo: «Non è tanto l'ostilità dell'ex segretario di Stato nei confronti della Triplice Alleanza ad aver causato l'intervento diretto dell'Austria, quanto piuttosto la sua ostinazione nel contrastare, a più riprese, i desideri dell'Ungheria». Citava in particolare le difficoltà incontrate nelle nomine episcopali in Ungheria e il rifiuto della Santa Sede di elevare al cardinalato monsignor Samassa, arcivescovo di Eger.[18]

Alcuni autori hanno invece citato un'altra ragione strettamente religiosa per il veto austriaco: il cardinale Rampolla sarebbe stato un massone. Tale appartenenza non è mai stata menzionata all'epoca né nei dispacci e nei rapporti diplomatici, né negli scritti dei partecipanti al conclave, e nemmeno dagli "integralisti" del *Sodalitium Pianum*. Il fondatore e direttore di quest'organizzazione, monsignor Benigni, in un elenco da lui redatto nel 1913 in previsione di un futuro conclave citava un solo cardinale sospettato di essere un massone: Agliardi. Rampolla era invece solamente giudicato in maniera molto severa: «Un uomo superiore, una mente piena di illusioni, un sognatore, il Jules Verne della politica ecclesiastica, il Crispi del governo papale, un megalomane».[19]

Questa voce iniziò a diffondersi solo molto tempo dopo la morte di Rampolla e dopo il pontificato di Pio X. Nel 1929 un autore antimassonico, Félix Lacointa, riprese nel suo bollettino[20] un'infor-

[17] Dispaccio di Bihourd a Delcassé del 1° agosto 1903, CAD, NS 4, f. 2.

[18] Rapporto del console generale di Francia in Ungheria al ministro degli Affari esteri, 12 agosto 1903, CAD, NS 4, ff. 46-49.

[19] Lista pubblicata da Émile Poulat, *Intégrisme et catholicisme intégral*, Casterman, Tournai-Paris 1969, pp. 329-330.

[20] Félix Lacointa, «Le F…Rampolla», *Le Bloc anti-révolutionnaire*, n. 221, gennaio-febbraio 1929, pp. 128-138.

mazione trovata sulla rivista massonica americana *The Equinox*. Si trattava della pubblicazione di un'organizzazione massonica dissidente, l'Ordine del Tempio d'Oriente (OTO). Ora, nel 1919, nel suo annuario, l'OTO aveva pubblicato una lista dei suoi «principali affiliati» passati. Il nome del cardinale Rampolla vi compariva a fianco di Goethe, Richard Wagner e Friedrich Nietzsche, ma senza che fossero indicati data e luogo delle loro presunte affiliazioni all'OTO.

Da un punto di vista storico, questa lista pubblicata diversi anni dopo la morte di Rampolla non costituisce in sé una prova della sua appartenenza alla massoneria. Félix Lacointa sosteneva inoltre che Pio X, quando gli erano stati mostrati alcuni documenti compromettenti per Rampolla, «ne era rimasto talmente addolorato da restare chiuso nel suo ufficiò per due giorni e dire al suo più intimo confidente, con tono affranto: "Lo sventurato! Bruciate tutto!"». La presunta reazione del papa non è datata né circostanziata e non può quindi essere considerata attendibile.

È lecito pensare che se il nuovo papa avesse saputo dell'appartenenza massonica del cardinale Rampolla lo avrebbe allontanato da qualunque funzione pubblica nella Chiesa. Ora, seppure quest'ultimo perse la carica di segretario di Stato come era solito a ogni cambio di pontefice, rimase però membro della Congregazione del Sant'Uffizio e della Congregazione concistoriale a cui era stato designato da Leone XIII. Pio X lo nominò anche membro di altre congregazioni e commissioni pontificie.

«PIUS DECIMUS»

Il 2 agosto 1903, di fronte al veto posto contro di lui, il cardinale Rampolla si alzò e replicò con calma in latino: «In nome dei principi, protesto contro l'attentato alla libertà e alla dignità del Sacro Collegio. Per quanto riguarda la mia persona, dichiaro che non sarebbe potuto succedermi niente di più gradevole e onorevole (*nihil jucundius, nihil honorabilius*)». Il cardinale decano Oreglia rilasciò una dichiarazione per protestare contro l'intervento esterno e affermò che il conclave intendeva conservare la sua piena libertà. Anche il cardinale Perraud protestò in seguito a nome dei cardinali francesi.

Le votazioni proseguirono. Rampolla, Gotti e Sarto rimasero i tre principali contendenti. Il veto austriaco non ebbe inizialmente nessun effetto sul cardinale Rampolla, che continuò a essere il candidato di testa al terzo e al quarto scrutinio, pur essendo lontano dall'ottenere i due terzi dei suffragi necessari all'elezione.

D'altra parte l'effetto fu immediato per la candidatura del cardinale Sarto: al terzo scrutinio raddoppiò di nuovo i suoi voti che continuarono poi a crescere progressivamente. Al quinto scrutinio ne ricevette 27, diventando così il più votato. La sua elezione al pontificato era sempre più certa, una prospettiva che considerava non senza apprensione. Alcuni cardinali, tra cui Ferrari e Satolli, fecero «un accorato appello alla sua coscienza per convincerlo al sacrificio».[21]

Il cardinale Rampolla invece, nonostante la riduzione dei propri voti, manteneva la propria candidatura, facendone, come diceva, «una questione di principio» e agendo dietro «suggerimento formale del suo confessore».[22] Questo atteggiamento ritardò l'elezione del cardinale Sarto. Secondo diverse azioni riferite da Perraud, sembra che l'ostinazione di Rampolla assunse perfino il tono di un'ostruzione nei confronti di Sarto. Il francese riporta in particolare due visite resegli dal cardinale Rampolla il 4 agosto. L'abate Landrieux raccontò invece nel suo diario l'azione dei cardinali francesi per indurre Rampolla a ritirarsi «nobilmente». Il suo rifiuto lo stupì. L'abate Landrieux annotò il penultimo giorno del conclave, dopo il sesto scrutinio durante il quale Rampolla aveva ricevuto solo 16 voti, 8 meno del giorno precedente: «Non si capisce la condotta di Rampolla. Non ha fatto nulla; ha trattenuto inutilmente per quattro scrutini una trentina di voti sul suo nome; non ha saputo né voluto dare alcuna indicazione a chi si era speso per lui; ha rifiutato di farsi da parte quando la sua persona era compromessa e ha lasciato passare il momento psicologico in cui poteva salvare tutto con una ritirata dignitosa e onorevole».

[21] Cardinale Mathieu, *art. cit.*, p. 283.
[22] Adolphe Perraud, *art. cit.*, pp. 65-66.

Dopo il sesto scrutinio in cui la dinamica in suo favore sembrava portare inevitabilmente all'elezione, il cardinale Sarto provò a sottrarvisi. Secondo la testimonianza del cardinale von Kopp «si fece avanti e chiese, con insistenza ed emozione, di essere scartato; tutti furono toccati dalla sua angoscia e umiltà, ma nessuno ne tenne conto. I suoi amici lo sollecitarono e riconsiderare la decisione».[23] Infine, allo scrutinio del 4 agosto mattina, il settimo, Sarto ottenne 50 voti contro i solamente 10 di Rampolla e i 2 del cardinale Gotti. «Il cardinale Sarto era sopraffatto» riporta il cardinale Mathieu. «Aveva gli occhi pieni di lacrime, gocce di sudore gli imperlavano le guance, sembrava dovesse svenire». Secondo il rituale, il cardinale Oreglia, decano del Sacro Collegio, si avvicinò con altri due prelati per domandare al nuovo eletto: «Accetti la tua elezione canonica a Sommo Pontefice?» Sarto rispose con umiltà in latino: «*Quoniam calix non potest transire, fiat voluntas Dei!*» ("Dal momento che [questo] calice non può essermi risparmiato, sia fatta la volontà di Dio!"). Non era la risposta canonica. Il cardinale Oreglia rinnovò la domanda: «Accetti o no?» Il cardinale Sarto rispose allora con la formula richiesta: «*Accepto!*». E quando gli chiesero quale nome intendeva portare dichiarò: «*Pius Decimus*» (Pio X).

Precisò che sceglieva quel nome in memoria dei «santi pontefici che lo hanno portato e di coloro che in tempi recenti sono stati perseguitati a causa della Chiesa».[24] L'abate Landrieux, che riportò il giorno stesso una spiegazione data dal cardinale Svampa, vicino di Sarto al conclave, fornisce una versione meno edulcorata: «I santi pontefici che hanno portato il nome di Pio, soprattutto quelli che nel secolo scorso hanno coraggiosamente lottato contro le sette e gli errori dilaganti (*contra sectas et errores crassantes*)».

[23] Lettera del cardinale von Kopp al cancelliere von Bülow del 4 agosto 1903, Bernhard von Bülow, *op. cit.*, p. 29.

[24] Risposta citata in uno degli atti del processo di beatificazione, *Articoli per il processo vaticano apostolico sulle virtù del Servo di Dio papa Pio X*, Pontificia Università Gregoriana, Roma 1943, p. 75, da un manoscritto di Pio X.

Il nuovo papa aveva per un attimo pensato di prendere il nome di Benedetto XV, in ricordo del beato Benedetto XI, papa del XIV secolo originario come lui della diocesi di Treviso. Ma il nome di Pio si era imposto per il coraggio e la determinazione dimostrati dagli ultimi che lo avevano portato: Pio VI, cacciato da Roma dalle truppe francesi e morto in esilio nel 1799; Pio VII, eletto in condizioni difficili a Venezia nel 1800, come abbiamo visto, e poi condotto con la forza in Francia; Pio IX, cacciato da Roma dai rivoluzionari nel 1848, poi spogliato dello Stato Pontificio nel 1870 e che si era considerato come «il prigioniero del Vaticano» fino alla propria morte.

LA FINE DEL DIRITTO DI VETO

Tutti i papi del XX secolo hanno ripreso o modificato la legislazione sui conclavi attraverso costituzioni (Pio X nel 1904, Pio XII nel 1945, Paolo VI nel 1975, Giovanni Paolo II nel 1996) o con dei *motu proprio* riferiti ad alcuni punti in particolare (Pio XI nel 1922, Giovanni XXIII nel 1962, Paolo VI nel 1970). La costituzione *Commissum nobis* pubblicata nel 1904 da Pio X fu un evento storico di grande importanza, non solo nella storia dei conclavi ma anche in quella della Chiesa.[25] All'inizio del XVI secolo Giulio II aveva messo fine alla simonia; alla fine del XVII secolo Innocenzo XII aveva posto un termine al nepotismo e all'inizio del XX secolo Pio X metteva fine al diritto di veto. Sebbene ne avesse beneficiato in prima persona, fu lui a interrompere questa pratica in maniera definitiva.

Pochi mesi dopo l'elezione sottopose la questione ai membri della Congregazione degli Affari ecclesiastici straordinari riunita il 29 dicembre 1903. I quattordici cardinali presenti ritennero all'unanimità che questo «presunto diritto» non aveva «alcun fondamento giuridico» e che bisognasse proibire il diritto di veto per garantire

[25] Jürgen Jamin, «*Civile veto sive exclusivam omnino reprobamus.* La costituzione *Commissum Nobis* di Pio X alla vigilia della prima codificazione», *Ius ecclesiae*, 2017, t. XXIX, n. 3, pp. 591-610.

l'indipendenza e la libertà dell'elezione pontificia.[26] Il 20 gennaio 1904 Pio X pubblicò la costituzione apostolica *Commissum nobis*,[27] dove affermava che il «veto dei laici utilizzato più di una volta dai sovrani di alcuni Paesi per impedire a qualcuno l'accesso al pontificato» era in opposizione con «la completa libertà nell'elezione del sommo pastore» necessaria alla Chiesa.

Questo veto, scriveva ancora il papa, è stato esercitato «senza essere mai stato approvato dalla Sede Apostolica». Dopo aver ricordato gli insegnamenti dei suoi predecessori sul tema (Pio IV, Gregorio XV, Clemente XII e Pio IX), dichiarò solennemente: «Condanniamo in maniera assoluta il veto dei laici o l'esclusiva, come viene chiamata, anche sotto forma di un semplice desiderio». Per rendere effettiva la condanna il papa l'accompagnò con una sanzione canonica severa: qualunque cardinale avesse accettato di ricevere da un potere temporale tale missione di esclusiva o che ne facesse parte «per scritto, oralmente, per passaparola o in modo indiretto e per interposta persona» sarebbe stato colpito da scomunica maggiore.

Questa costituzione mise fine al diritto di veto, che nei fatti era stato solo ufficialmente tollerato. A partire da quel momento, i governi o non hanno più reso note in modo chiaro le proprie preferenze, o si sono accontentati di farle conoscere senza cercare di imporle. Lo fecero in maniera diretta con i cardinali del proprio Paese prima dell'ingresso in conclave o tramite gli ambasciatori presso la Santa Sede.

Meno di un anno dopo Pio X promulgava una costituzione, *Vacante Sede Apostolica* (25 dicembre 1904), dedicata questa volta all'insieme del conclave. Era destinata a rimpiazzare «tutti i decreti e le costituzioni promulgate da tutti i pontefici romani» sulla vacanza della Santa Sede e l'elezione del pontefice.[28] In questo modo Pio X

[26] Resoconto della sessione del 29 dicembre 1903 pubblicato da Luciano Trincia, *op. cit.*, pp. 280-284.

[27] Tradotto in francese in *Documents pontificaux de Sa Sainteté saint Pie X*, Publications du «Courrier de Rome», Versailles 1993, t. I, pp. 85-87.

[28] Ivi, t. I, pp. 222-244.

riprendeva e riorganizzava la maggior parte delle disposizioni dei secoli precedenti, in particolare quelle sulla chiusura del conclave, la segretezza dei voti, il divieto di patti e promesse, la maggioranza di due terzi dei voti necessaria per essere eletti. C'erano anche alcune nuove misure:

- venivano mantenute tre modalità di designazione del papa (per scrutinio, compromesso o ispirazione); al contrario veniva abolito il sistema di voto *per accessum*, ritenuto troppo complicato;
- per favorire un'elezione più rapida, invece di due votazioni al giorno ne erano previste quattro (due al mattino e due al pomeriggio);
- il «peccato di simonia» naturalmente rimaneva «assolutamente riprovevole nell'elezione del pontefice romano» e coloro che «si fossero resi colpevoli di questo crimine» sarebbero stati puniti con una scomunica *latae sententiae* [effettiva anche senza una dichiarazione specifica, ma per il solo fatto di aver commesso il crimine, N.d.R.]. Ma la causa di nullità che l'accompagnava dai tempi di Giulio II veniva abrogata «per evitare un pretesto per contestare la validità dell'elezione del pontefice romano». In altre parole, l'elezione simoniaca costituiva ancora un grave peccato ma sarebbe rimasta canonicamente valida.

La condanna del «veto dei governi civili o *Esclusiva*» era confermata «in tutte le sue parti e nella sua interezza», «a pena di scomunica *latae sententiae*». E veniva estesa «a tutte le intromissioni e a tutti gli interventi attraverso cui i poteri laici, di qualunque potenza e importanza, vorranno immischiarsi nell'elezione del papa». Con queste due costituzioni Pio X riaffermava quindi solennemente la libertà del conclave e l'indipendenza della Chiesa rispetto ai poteri civili.

9 · L'ELEZIONE DI PIO XII: UN CONCLAVE DI FRONTE AI TOTALITARISMI (1939)

I regimi totalitari del XX secolo (nazifascista, sovietico...) hanno perseguitato la Chiesa cattolica o cercato di controllarla e ridurne l'influenza, come fu il caso del fascismo. Tutti si sono confrontati con il papato ma nessuno è stato in grado di influenzare le elezioni pontificie. Allo stesso tempo i cardinali riuniti in conclave hanno preso in considerazione le possibili reazioni di questi regimi ostili alla Chiesa.

PACELLI, L'EREDE

Alla morte di Pio XI, il 10 febbraio 1939, il cardinale Eugenio Pacelli era il favorito secondo gran parte della stampa italiana e straniera così come negli ambienti diplomatici. Dalla nomina come segretario di Stato nel 1930 era stato il collaboratore più stretto del papa. Pio XI e il cardinale Pacelli avevano condiviso la stessa analisi di fronte ai regimi totalitari (sovietico, tedesco, italiano e messicano) e il segretario di Stato aveva attuato la politica decisa dal papa. Aveva preso parte alle negoziazioni che la Santa Sede aveva avviato o intendeva avviare con i regimi totalitari. Aveva anche avuto un ruolo di primo piano nella redazione delle proteste o delle condanne che erano seguite:

- Enciclica *Non abbiamo bisogno* (1931) contro la «statolatria pagana» del regime fascista;
- Proteste indirizzate al governo tedesco contro la mancanza di rispetto ripetuta del concordato (una sessantina di *Note* inviate tra il 1933 e il 1937);

- Enciclica *Mit brennender Sorge* che condannava la dottrina razziale del nazionalsocialismo e la persecuzione della Chiesa (1937);
- Enciclica *Divini Redemptoris* contro il comunismo (1937);
- Enciclica *Firmissimam Constantiam* contro le persecuzioni del governo messicano (1937);
- Condanna delle leggi razziali adottate dal governo fascista (1938).

Il cardinale Pacelli era anche il cardinale italiano più noto all'estero. In effetti, Pio XI l'aveva inviato come legato nel 1934 a Buenos Aires per il Congresso eucaristico internazionale, con al ritorno scali a Rio de Janeiro, Montevideo, Las Palmas e Barcellona. Nel 1935 era stato mandato a Lourdes per le cerimonie di chiusura dell'Anno Santo; nel 1937 a Lisieux per l'inaugurazione della basilica di Santa Teresa del Bambin Gesù (con al ritorno una tappa a Parigi); nel 1938 a Budapest per il Congresso eucaristico internazionale. A tutto ciò si era aggiunto nel 1936 un lungo viaggio non ufficiale negli Stati Uniti.

Questi viaggi l'avevano fatto conoscere a fedeli, vescovi e cardinali di quei Paesi. Secondo la testimonianza di monsignor Tardini, suo collaboratore alla segreteria di Stato, era stato Pio XI a voler mettere in luce Pacelli, vedendolo come il proprio successore: «Lo faccio viaggiare affinché il mondo lo conosca e lui conosca il mondo». E aveva aggiunto: «Sarà un ottimo papa».[1] In due occasioni (nel febbraio 1937 in un discorso ai cardinali tedeschi e nel dicembre dello stesso anno in un discorso concistoriale), Pio XI fece una chiara allusione a Pacelli come suo successore desiderato.

Pio XI morì nel febbraio 1939. Si aprì allora la successione mentre il contesto internazionale rimaneva drammatico e la minaccia hitleriana sempre più forte. In effetti nel settembre 1938 la guerra era stata evitata per un soffio grazie alla conferenza di Monaco di Baviera e alla cessione dei Sudeti alla Germania; la Cecoslovacchia era in procinto di essere completamente smembrata. D'altra parte,

[1] Parole citate in Domenico Tardini, *Pie XII*, Fleurus, Paris 1961, p. 92.

in quel periodo travagliato, la Santa Sede aveva espresso il suo completo disaccordo con le leggi razziali emanate dal regime fascista in Italia nel 1938. A Roma, in occasione del decimo anniversario degli accordi del Laterano che sarebbe stato celebrato l'11 febbraio 1939, Pio XI aveva convocato i circa trecento vescovi italiani. Alcuni temevano che avrebbe approfittato dell'occasione per sollevare nuove proteste contro il regime fascista. Ma Pio XI era morto il giorno prima di pronunciare il suo discorso.

Philippe Chenaux ha giustamente sottolineato che la politica della Santa Sede ha sempre avuto due «obiettivi indissolubili»: «La difesa dei diritti di Dio e della Chiesa e il mantenimento della concordia nei rapporti con gli Stati». Ora, negli ultimi tempi del pontificato di Pio XI, il primo di questi obiettivi prevalse sul secondo.[2] Pacelli, che era stato così strettamente associato alla politica di Pio XI, era quindi la persona più adatta per proseguirla o al contrario per modificarla? C'era anche un'altra obiezione: dal conclave del 1667, in cui il cardinale Rospigliosi, segretario di Stato di Alessandro VII, gli era succeduto assumendo il nome di Clemente IX, nessun segretario di Stato era divenuto papa. Era possibile discostarsi da questa regola non scritta?

DIVERSI PAPABILI

In realtà i diplomatici accreditati presso la Santa Sede non presero affatto in considerazione questa obiezione di ordine storico, non più di quanto lo fecero i cardinali. Gli uni come gli altri si chiedevano in maniera più pragmatica: il successore di Pio XI doveva proseguire la stessa linea intransigente di confronto con la Germania nazista e l'Italia fascista o doveva adottare una linea accomodante o almeno pacificatrice?

Francis Osborne, rappresentante del Regno Unito presso la Santa Sede senza il rango di ambasciatore, presentava ogni anno al suo governo una nomenclatura ben informata sui cardinali e i prelati più

[2] Philippe Chenaux, *Pie XII. Diplomate et pasteur*, Cerf, Paris 2003, p. 228.

influenti nella Curia, includendo considerazioni personali.[3] Pur riconoscendo la preminenza del cardinale Pacelli, «buon predicatore, uomo di grande pietà e intelligenza con un inusuale fascino personale», segnalava tuttavia diversi altri cardinali come papabili: Dalla Costa, arcivescovo di Firenze, «in una certa misura antifascista» ma con «una grande reputazione di santità personale»; Marmaggi, che dopo essere stato nunzio in Romania, Cecoslovacchia e Polonia era stato nominato cardinale nel 1935; Massimi, presidente del tribunale della Rota, «un uomo di grandi vedute con poca simpatia verso ogni forma di sciovinismo»; o anche Rossi, carmelitano, segretario della Congregazione concistoriale, «un uomo coscienzioso, dalla vita austera». Nel 1939, dopo l'elezione di Pio XII, segnalò inoltre il cardinale Villeneuve, arcivescovo del Québec: «Era stato considerato come un possibile papabile nel caso ci fosse stato un accordo per eleggere un papa non italiano».

La possibilità di eleggere un papa non italiano venne quindi sollevata in conclave. L'ultimo papa non italiano era stato Adriaan Florensz che, nato a Utrecht ed eletto papa nel 1522, aveva preso il nome di Adriano VI. Nel 1939 alcuni cardinali intendevano rompere con la tradizione di eleggere un italiano. Oltre al canadese Villeneuve venne citato come possibile papabile il cardinale portoghese Cerejeira. Ma Paul Lesourd, sul *Figaro*, riferì la voce secondo cui Mussolini non avrebbe esitato a bloccare il conclave ricorrendo all'esclusiva se fosse sembrata possibile l'elezione di un non italiano.[4] Una voce simile non era realistica, dal momento che il veto era stato abolito da Pio X, come abbiamo visto, e che l'Italia non aveva mai avuto questa prerogativa. In ogni caso, uno degli interessati, Villeneuve, respinse questa prospettiva nel corso di un colloquio con il cardinale Baudrillart: «Mi disse perché non poteva essere eletto e che non era ancora possibile avere un papa straniero».

[3] *Leading Personalities at the Holy See*, London, Public Record Office, FO 371/22441 (1938) e FO 371/23827 (1939).

[4] Paul Lesourd, «Le conclave élira-t-il un pape non italien?», *Le Figaro*, 12 febbraio 1939, citato da Frédéric Le Moal, *Pie XII. Un pape pour la France*, Cerf, Paris 2019, p. 244.

D'altra parte lo stesso Paul Lesourd aveva spiegato la vigilia sul *Figaro* che Pacelli aveva poche possibilità di successo per l'ostilità di una parte dei cardinali italiani. Al contrario *L'Époque*, l'11 febbraio, citava nell'ordine quattro papabili: Pacelli, Schuster, Dalla Costa e Maglione.[5]

L'11 febbraio si tenne la prima congregazione generale dei cardinali per preparare il conclave che sarebbe iniziato solamente più di due settimane dopo. Per quanto queste congregazioni generali quasi quotidiane fossero di scarso interesse e piuttosto formali, a Roma fu un periodo intenso di incontri, conversazioni e manovre: tra cardinali o meglio tra cardinali e diplomatici, con il coinvolgimento attivo di giornalisti o altre personalità.

FASCISTI E NAZISTI CONTRO PACELLI

Naturalmente il governo italiano seguiva da vicino il pre-conclave, le riunioni dei cardinali e le supposizioni della stampa internazionale. Nonostante le condoglianze ufficiali, Mussolini e il suo governo non rimpiangevano la scomparsa di Pio XI, che negli ultimi anni si era dimostrato molto critico nei confronti del regime. «I circoli governativi e fascisti [...] erano felicissimi di essersi sbarazzati di lui» aveva dichiarato l'ambasciatore di Francia presso la Santa Sede.[6] Il conclave che stava per iniziare includeva alcuni cardinali che si erano sempre dimostrati ferventi sostenitori del regime: Fumasoni-Biondi, prefetto della Congregazione de Propaganda Fide, responsabile delle missioni; Salotti, prefetto della Congregazione dei Riti; Lavitrano, arcivescovo di Palermo; Schuster, arcivescovo di Milano; Nasalli Rocca, arcivescovo di Bologna. Mussolini e il governo contavano sulla loro influenza per ottenere l'elezione di un papa che non avrebbe più contrastato il regime.

Le pubblicazioni fasciste espressero questa aspettativa con maggiore brutalità. *Regime fascista*, il quotidiano di Roberto Farinacci,

[5] Ivi, p. 235.

[6] François Charles-Roux, *Huit ans au Vatican, 1932-1940*, Flammarion, Paris 1947, p. 249.

rese note le sue richieste: «Comunisti, massoni, ebrei e protestanti vorrebbero un papa politico per colpire meglio il cattolicesimo. Noi chiediamo invece un papa esclusivamente religioso perché il suo nome rappresenterebbe la sconfitta di tutti quelli che hanno cercato *giudaicamente* di disorientare i cattolici nel mondo intero».[7] Alcuni giorni dopo, lo stesso giornale espresse la sua preferenza per cardinali provenienti da uno dei grandi ordini religiosi della Chiesa: il domenicano Boggiani, cancelliere della Santa Chiesa romana; il benedettino Schuster, arcivescovo di Milano; il gesuita Boetto, arcivescovo di Genova; non un «papa politico che potesse compromettere la Chiesa e provocare uno scisma. [...] Ci sono uomini che si mostrano troppo aperti verso le idee della democrazia».[8]

Il Telegrafo, un giornale che apparteneva alla famiglia di Galeazzo Ciano, genero di Mussolini e ministro degli Affari esteri, esprimeva la propria opposizione all'elezione di un papa non italiano e riteneva più probabile la designazione del cardinale Dalla Costa, arcivescovo di Firenze, o del cardinale Massimi, un canonista di fama, decano della Rota romana e presidente della Commissione pontificia per la redazione del Codice del diritto canonico per le Chiese orientali. Il cardinale Pacelli veniva invece scartato come «troppo amico della Francia».[9]

L'11 febbraio Pignatti, ambasciatore d'Italia presso la Santa Sede, cercò di mettere fine a queste prese di posizione troppo vistose facendo proibire dal ministero della Cultura popolare ogni articolo sul futuro papa. Ma il divieto non ebbe alcun effetto. L'ambasciatore francese presso la Santa Sede evocò «le note di informazione e orientamento che furono inserite da diversi giornali italiani durante il periodo che precedette il conclave e che incoraggiavano gli spiriti (tranne lo Spirito Santo, per fortuna) a scegliere un cardinale senza passato politico».[10]

[7] *Regime fascista*, 18 febbraio 1939, citato da Giovanni Coco, «Un invitato "molto speciale". Spionaggio fascista e diplomazia italiana nel conclave del 1939», *Revue d'histoire ecclésiastique*, vol. 113, gennaio-giugno 2018, p. 289.

[8] *Regime fascista*, 21 febbraio 1939, citato da Giovanni Coco, *art. cit.*, p. 263.

[9] Articolo citato da Frédéric Le Moal, *op. cit.*, pp. 245-246.

[10] Telegramma datato 5 marzo 1939, CADN, Roma/Santa-Sede, 1031.

Ci fu persino una campagna velata del governo per cercare di impedire l'elezione di Pacelli. Venne condotta da Guido Manacorda, professore universitario, «germanista di fama internazionale e fascista convinto»[11] e anche cattolico praticante. Negli anni precedenti aveva ricevuto da Mussolini incarichi da svolgere in Germania che richiedevano discrezione e aveva incontrato Hitler in diverse occasioni. Durante le settimane precedenti l'ingresso in conclave moltiplicò le visite ai cardinali in cui argomentava come all'Italia e al mondo servisse un papa non impegnato politicamente, sostenendo il cardinale Massimi. Si diffuse la voce che il Duce ne appoggiasse la candidatura.

Ma la campagna in favore di Massimi non raccoglieva un consenso unanime in seno al governo e alle istituzioni fasciste. Giovanni Coco ha mostrato che «il "gruppo degli Esteri", rappresentato dal ministro Ciano e l'ambasciatore Pignatti, considerava favorevolmente il cardinale Pacelli, convinto che avrebbe impresso un carattere moderato all'azione diplomatica della Santa Sede e avrebbe avviato una nuova fase di distensione dei rapporti con l'Italia».[12]

Anche la Germania nazista si interessò da vicino all'elezione del prossimo papa e cercò di influenzare il conclave. I grandi organi di propaganda del regime, in particolare *Angriff* di Goebbels e *Schwarze Korps* di Himmler, pubblicarono articoli contro il cardinale Pacelli, di cui conoscevano la tenacia contro l'ideologia nazista e la capacità di difendere i diritti e le libertà della Chiesa cattolica in Germania.[13] Da parte del Reich vi furono due tentativi molto mal condotti per cercare di influire sul corso del conclave.

Prima di tutto il Sicherheitsdienst (SD), il servizio segreto tedesco, inviò a Roma uno dei suoi informatori, Taras Borodajkewycz, ex studente di teologia. Era incaricato principalmente di raccogliere informazioni e sostenere un candidato al papato che non fosse sistematicamente ostile al Terzo Reich. Sulla base del soggiorno a Roma e dei suoi contatti con alcuni cardinali e altre personalità della

[11] Cfr. Giovanni Coco, *art. cit.*, pp. 273-318.

[12] Ivi, pp. 288-289.

[13] Articoli citati da Frédéric Le Moal, *op. cit.*, p. 265.

Curia, Borodajkewycz concluse che Schuster aveva forti possibilità di essere eletto. Ma il pronostico era assai improbabile.[14]

Il progetto di corruzione intrapreso dallo SD era ancora più rischioso. Un informatore assicurò che «in cambio di tre milioni di marchi la maggioranza dei cardinali avrebbe potuto sostenere un candidato favorevole alla Germania, il cardinale Maurilio Fossati di Torino o il cardinale Elia Dalla Costa di Firenze». Il progetto fu sottoposto a Himmler e poi a Hitler. Ma il Führer, dopo aver appreso il parere di Albert Hartl, l'esperto di Chiesa cattolica dello SD, vi rinunciò. È stato a ragione sottolineato che «la proposta in sé era assurda e la prima reazione dei nazisti dimostrava ancora una volta la loro cattiva conoscenza dei meccanismi del Vaticano perché l'epoca delle tangenti era passata da tempo».[15]

UNA POLITICA DI PACIFICAZIONE

In effetti il cardinale Pacelli seppe superare le reticenze dell'Italia fascista e l'opposizione della Germania nazista con una posizione pragmatica. Il suo rifiuto di uno scontro diretto con il regime fascista italiano divenne evidente quando, in qualità di camerlengo della Santa Sede, seppellì, ossia mandò in archivio, il discorso molto critico nei confronti di Mussolini che Pio XI aveva preparato per il decimo anniversario degli Accordi Lateranensi, l'11 febbraio 1939, e che avrebbe dovuto pronunciare di fronte a circa trecento vescovi venuti da tutta Italia.[16]

Il rifiuto di Pacelli di proseguire lo scontro con il governo fascista era condiviso da numerosi altri cardinali italiani e da una larga maggioranza dei prelati della Curia. Il cardinale Pacelli sosteneva anche una politica di pacificazione con la Germania nazista, cosa che non significava, naturalmente, che accettasse l'ideologia del regime e la sua politica. Gli stessi cardinali tedeschi che erano

[14] David Alvarez e Robert A. Graham, *Papauté et espionnage nazi. 1939-1945*, Beauchesne, Paris 1999, p. 79.

[15] Ivi, p. 80.

[16] Frédéric Le Moal, *op. cit.*, pp. 237-240.

preoccupati dalla crescente brutalità di Hitler nei confronti della Chiesa e delle sue organizzazioni si auguravano che non si proseguisse nella politica di scontro con il Reich. Nel pre-conclave, in un incontro con il cardinale Schulte, arcivescovo di Colonia, Pacelli gli assicurò che intendeva muoversi in questo senso. Così, durante l'assemblea, i cardinali tedeschi diedero il loro sostegno all'ex segretario di Stato.

Pacelli dichiarò anche a Bergen, l'ambasciatore tedesco presso la Santa Sede, che riteneva necessaria una conciliazione tra il papato e il Reich. Voleva favorire una distensione, non per simpatia o ammirazione verso il regime nazista ma, come diceva monsignor Tardini, il collaboratore più stretto di Pacelli, «per non tralasciare nessuna possibilità di sottrarre i cattolici tedeschi al rischio di scristianizzazione e di apostasia».[17]

Inoltre, malgrado la salute cagionevole per cui il Vaticano dovette fornirgli una sedia a rotelle, il cardinale Baudrillart, rettore dell'Istituto cattolico di Parigi, tenne a partecipare al conclave. Lasciò nei suoi *Carnets* un resoconto quotidiano molto dettagliato del preconclave. Si tratta di una testimonianza storica preziosa che si può integrare con altre fonti.[18]

Arrivato a Roma il 20 febbraio, partecipò alle congregazioni generali quotidiane che precedettero l'ingresso in conclave. Secondo la sua testimonianza erano abbastanza formaliste e di scarso interesse. In fin dei conti fu durante gli incontri personali, le cene, i ricevimenti e le visite che si svolsero le conversazioni più importanti. Il 21 febbraio Baudrillart ricevette per cena tre cardinali francesi: Verdier, arcivescovo di Parigi; Liénart, vescovo di Lilla e Gerlier, arcivescovo di Lione. Annotò nei suoi *Carnets*: «È la prima volta che esaminiamo nomi, combinazioni e accostamenti dei gruppi. Si può dire che abbiamo considerato tutte le ipotesi. Ma che complicazione!». Il giorno successivo fece visita al cardinale

[17] Ivi, p. 261.

[18] Alfred Baudrillart, *Les Carnets du cardinal Alfred Baudrillart (1935-1939)*, Cerf, Paris 1996, pp. 962-978.

Pacelli. Quest'ultimo si diceva «pronto a diventare cappellano di bambine ecc., ma anche a diventare papa. Sento che lo desidera e che è pronto a fare alcune concessioni, a distendere ciò che è troppo teso. [...] In fondo sarebbe un conciliatore». Questa citazione coincide con ciò che abbiamo già detto di Pacelli e del suo atteggiamento in quelle settimane decisive.

Sottolineiamo inoltre che il cardinale Baudrillart ricevette anche la visita del professor Manacorda, emissario del governo fascista. Ma Baudrillart non si fece ingannare. Scrisse che Manacorda si dichiarava «amico di Hitler e Mussolini» e che «anche lui predicava la moderazione: eleggere il cardinale Massimi».

Mentre gli altri cardinali francesi si accordavano per sostenere Pacelli, Baudrillart rilevava il 22 febbraio che Tisserant, per un'inimicizia personale nei suoi confronti, insisteva nel sostenere l'arcivescovo gesuita di Genova: «Boetto ha delle possibilità [...]. È un peccato che i cardinali francesi non lo considerino abbastanza». Il giorno successivo Baudrillart riportava le speranze di un altro papabile: «Piazza non rifiuterebbe, nonostante la responsabilità sia terribile in questo momento. Degno religioso, ma forse non all'altezza».

IL SACRO COLLEGIO AL COMPLETO

Per la prima volta da secoli tutti i cardinali poterono partecipare al conclave. Ancora al precedente, nel 1922, due cardinali nordamericani non erano arrivati in tempo a Roma. Quando avevano raggiunto la Città Eterna, dopo una lunga traversata dell'Atlantico e del Mediterraneo in nave, il conclave era terminato e il nuovo papa Pio XI già eletto.

Così, con il pragmatismo che caratterizzerà numerose decisioni importanti del suo pontificato, Pio XI aveva pubblicato già il 1° marzo 1922 (ossia meno di un mese dopo la sua elezione) un breve *motu proprio, Cum proxime,* per rimediare ad alcune mancanze osservate nel corso del conclave appena svoltosi.[19] Per esempio, per permettere ai cardinali dei Paesi più lontani di essere presenti fin

[19] *Actes de SS. Pie XI*, Maison de la Bonne Presse, t. I, pp. 17-19.

dall'inizio, stabilì l'apertura dell'assemblea non più dopo dieci giorni ma «dopo quindici giorni interi» dalla morte del papa. Permise anche al Collegio dei cardinali di rimandare ulteriormente l'ingresso in conclave di due o tre giorni se necessario.

Le nuove disposizioni furono quindi attuate dopo la scomparsa di Pio XI. Le *novemediales*, nove giorni di celebrazioni liturgiche per il papa defunto, si conclusero il 20 febbraio. Il conclave si aprì il 1° marzo successivo, diciotto giorni dopo la morte del papa. Ciò permise ai cardinali più lontani di attraversare l'Atlantico: tre prelati statunitensi, un canadese, un brasiliano e un argentino.

Il Sacro Collegio era quindi al completo con sessantadue cardinali fin dal primo giorno del conclave. La maggioranza era italiana, trentacinque, quindi più del 56%. Tra i ventisette stranieri, i più numerosi erano i francesi (sei cardinali), i tedeschi (tre o quattro se si conta anche il cardinale austriaco il cui Paese era stato annesso nel 1938), gli spagnoli (tre cardinali) e gli Stati Uniti (tre).

Il conclave si tenne in tre piani del Palazzo apostolico: le elezioni si svolgevano, secondo la tradizione, nella cappella Sistina; i cardinali erano alloggiati negli appartamenti vicini o nelle camere delle guardie nobili. Il cardinale Baudrillart, per la sua infermità, venne ospitato in quello che era stato il lussuoso appartamento di papa Alessandro VI Borgia, mentre gli altri francesi ebbero diritto solo a stanze modeste, «come dei seminaristi». Il perimetro del conclave fu chiuso strettamente, come di consueto, impedendo ogni contatto con l'esterno. «Saremo rinchiusi come i peggiori malfattori; porte, finestre ecc. Siamo ancora al tempo del feudalesimo o del Rinascimento?» si lamentava il cardinale Baudrillart il 26 febbraio.

Descrisse l'ingresso in conclave nel pomeriggio del 1° marzo: «Processione alla cappella Sistina. *Veni Creator*. Seduta molto ben allestita. Piano inclinato. Tavolino per ognuno con calamaio, candeliere ecc. La sessione è interamente dedicata al giuramento dei sessantadue cardinali (O'Connell di Boston arriva alla fine, giunto in macchina da Napoli), di alcuni membri del tribunale della Rota, dei cerimonieri ecc. Tutto questo dura fino alle sei».

L'ambasciatore francese presso la Santa Sede aveva incontrato il cardinale Tisserant la vigilia dell'ingresso in conclave. Mentre gli altri cinque francesi erano determinati a votare per Pacelli, Tisserant si mostrava «sempre irremovibile nell'opposizione verso il cardinale Pacelli, che ritiene non sia l'uomo del momento, perché indeciso» dice, «esitante, meno adatto a governare che a eseguire».[20] Tisserant esprimeva una preferenza per Maglione e soprattutto per Boetto, «d'aspetto pesante ma di viva intelligenza, di carattere equilibrato e ponderato», tutte «qualità di un papa destinato» secondo lui «a governare nella tormenta».

A cena furono avviate le prime conversazioni. Il cardinale Baudrillart era seduto tra il belga Van Roey e il portoghese Cerejeira. Raccontò nei *Carnets*: «Parliamo molto amichevolmente e spiego quindi come nelle attuali circostanze un papa straniero, chiunque sia, non può essere eletto». Dopo il pasto vi fu una lunga discussione con il cardinale Tisserant, molto reticente a votare per Pacelli. Baudrillart credette di avergli fatto cambiare idea: «Si unisce all'insieme degli altri cardinali francesi». Ma secondo altre fonti Tiserrant sarebbe rimasto prevenuto contro Pacelli e avrebbe votato per il cardinale gesuita Boetto, ritenendo che servisse «un papa non politico, ma sant'uomo e che ascoltasse solo la sua coscienza di sacerdote».[21]

Le votazioni iniziarono il giorno successivo, giovedì 2 marzo. A sera l'elezione era conclusa. Erano bastati tre scrutini. Si è discusso a lungo sul numero degli scrutini e dei voti. Alcuni autori hanno parlato di un voto di conferma chiesto dall'eletto quando aveva già raggiunto la maggioranza al secondo scrutinio.[22] Altri hanno parlato di un'elezione all'unanimità al terzo turno.[23] L'ambasciatore di Francia presso la Santa Sede, François Charles-Roux, riteneva

[20] Telegramma riservato di François Charles-Roux datato 1° marzo 1939, CADN, Roma/Santa Sede, 1031.

[21] Étienne Fouilloux, *Eugène, cardinal Tisserant*, Desclée de Brouwer, Paris 2011, p. 281.

[22] Jean-Marie Mayeur, «Trois papes: Benoît XV, Pie XI, Pie XII», in *Histoire du christianisme*, t. XII, 1990, p. 25, nota 5.

[23] Andrea Riccardi, «Pie XII», in *DHP*, cit., p. 1365.

che Pacelli avesse ottenuto «l'unanimità dei voti tranne se stesso»,[24] ma si corresse l'8 marzo.

La pubblicazione dei *Carnets* di Baudrillart ha permesso di mettere fine a dubbi e congetture. Il cardinale aveva annotato con precisione i risultati delle tre votazioni del 2 marzo. In questo modo sappiamo che al primo scrutinio del mattino Pacelli ottenne 32 voti; Dalla Costa, arcivescovo di Firenze, 9; Maglione, prefetto della Congregazione del Concilio, 7; altri cardinali ricevettero 1 o 2 voti. Al secondo scrutinio del mattino, Pacelli ne raccolse 40 su 62, gliene mancavano 2 per essere eletto. Al terzo scrutinio, il pomeriggio, Pacelli ottenne infine 48 voti su 62.

Almeno cinque dei sei cardinali francesi votarono fin dal primo scrutinio per Pacelli, con la speranza che avrebbe scelto il cardinale Maglione, ex nunzio a Parigi, come segretario di Stato. Più in generale, riportò Baudrillart nei *Carnets*: «Pio XII è stato eletto soprattutto dai cardinali stranieri, tra i suoi voti ci sono quelli di Francia, Inghilterra, Spagna, Portogallo e America». Avrebbe potuto aggiungere la Germania, dal momento che tutti i cardinali tedeschi avevano votato per Pacelli. Non essendosi votato da solo, rimanevano tuttavia tredici cardinali che malgrado il forte slancio verso l'ex segretario di Stato avevano continuato a non votarlo. L'ambasciatore francese presso la Santa Sede, rettificando la «favola» di Pacelli eletto all'unanimità che aveva inizialmente continuato a diffondere, precisò l'8 marzo: «Questa minoranza di tredici non si era concentrata su un solo candidato, ma al contrario si sarebbe divisa tra vari, tra cui il cardinale Maglione e il cardinale Dalla Costa. Nei tre turni ci sarebbe stato un voto anche per il cardinale Boggiani, il vecchio cancelliere della Chiesa, che è cieco!».[25]

L'EREDE DI PIO XI

Pacelli venne quindi eletto papa a sessantatré anni nel giorno del suo compleanno. Era dai tempi di Gregorio XV, nel 1621, che un'e-

24 Telegramma cifrato datato 3 marzo 1939, CADN, Roma/Santa-Sede, 1031.

25 Telegramma riservato datato 8 marzo 1939, CADN, Roma/Santa-Sede, 1031.

lezione non era stata così rapida. Pochi giorni dopo, in una lettera a monsignor Ruch, vescovo di Strasburgo, il cardinale Tisserant spiegò in questo modo la velocità dell'elezione: «Il Sacro Collegio sarà lodato, credo, per la sua rapidità. Il nuovo papa è stato nominato, lo possiamo dire, dai cardinali stranieri. O almeno le conversazioni precedenti al conclave lasciavano intendere che avrebbero votato praticamente tutti per lui. Non ci si aspettava, tuttavia, che i cardinali italiani si sarebbero arresi così presto. Da parte mia credevo che il conclave sarebbe durato tre o quattro giorni. [...] Ma penso che dal momento che andava eletto Pacelli, tanto valeva farlo rapidamente. Questa celerità dimostra a tutti che non ci sono stati brogli».[26]

Notando che Pacelli era stato eletto dai «cardinali stranieri», e così in fretta, Baudrillart e Tisserant sottolineavano anche come la situazione internazionale avesse consentito di raggiungere rapidamente un consenso. Era una scelta di continuità: per affrontare i problemi con cui doveva confrontarsi la Chiesa in diversi Paesi e la minaccia di una guerra internazionale, i cardinali avevano ritenuto che l'ex segretario di Stato di Pio XI fosse la persona più preparata a condurre una politica che avrebbe preservato gli interessi e la libertà della Chiesa. Il giorno stesso dell'elezione, il cardinale Baudrillart si era congratulato per come in ventiquattro ore il conclave fosse riuscito «a dare una guida alla cristianità, sconvolta come raramente era stata e minacciata di esserlo ancora di più».

La scelta del nome fu significativa. Alcuni cardinali avevano suggerito al nuovo papa di conservare il suo nome, Eugenio, e diventare così Eugenio V. Il cardinale Pacelli scelse infine di chiamarsi Pio XII, ponendosi espressamente in continuità con Pio XI che aveva servito fedelmente per lunghi anni. Il cardinale Baudrillart dichiarò nei *Carnets*: «Tutto ciò desterà impressione in Francia e in Europa». Si riferiva soprattutto al fatto che il nuovo papa intendeva proseguire la politica del predecessore nei confronti dei totalitarismi, anche se con sfumature diverse.

[26] Lettera del cardinale Tisserant a monsignor Ruch, 5 marzo 1939, citata in Étienne Fouilloux, *op. cit.*, p. 282

Non è banale che la stampa di sinistra, in Francia e altrove, abbia accolto con soddisfazione l'elezione del cardinale Pacelli. *L'Humanité*, il giornale del Partito comunista francese, elogiò in prima pagina la «rapida elezione del cardinale Pacelli, Pio XII» in cui vedeva una «risposta» all'«insolente esclusiva lanciata contro di lui dai governi fascisti di Berlino e Roma». Il giornale vedeva nell'elezione dell'ex segretario di Stato di Pio XI non solo l'assicurazione che «avrebbe ripreso il lavoro di colui con cui aveva strettamente collaborato», ma anche il fallimento dei «governi fascisti [che] avrebbero voluto tagliare di netto quella tendenza del Vaticano, mettere le mani sul papato riducendolo ai propri ordini, sperando di piazzare qualcuno di debole, timoroso e docile in mancanza di una propria creatura».[27]

La *Correspondance internationale*, il bisettimanale dell'Internazionale comunista, sottolineò che «mai come oggi il decesso di un papa e l'elezione del suo successore hanno catturato l'attenzione della politica internazionale, suscitato tante considerazioni e interpretazioni politiche».[28] La pubblicazione comunista si rallegrava del fatto che i cardinali avessero deciso «in favore della continuazione della linea di Pio XI» e vedeva in Pio XII «un rappresentante del movimento cattolico di resistenza» al fascismo e all'hitlerismo. Il settimanale avrebbe dovuto aggiungere che Pio XII incarnava anche la resistenza al comunismo.

Sottolineiamo inoltre che la stampa ebraica internazionale (*Palestine Post* del 6 marzo, *Jewish Chronicle* del 10 marzo, *Zionist Review* del 16 marzo) commentò in maniera positiva l'elezione del cardinale Pacelli «in considerazione della sua opposizione alle teorie razziste e ricordando il famoso discorso anti-nazista pronunciato alcuni anni prima a Lourdes».[29]

[27] Pierre Laurent Darnar, «Rapide élection du cardinal Pacelli - Pie XII», *L'Humanité*, 3 marzo 1939.

[28] K. O., «L'élection du pape», *Correspondance internationale*, 11 marzo 1939.

[29] Ambrogio M. Piazzoni, *op. cit.*, p. 281.

UN PAPA PER I TEMPI DI CRISI

Eletto il 2 marzo e intronizzato il 12, Pio XII dovette subito confrontarsi con nuovi sconvolgimenti dovuti all'espansionismo nazista. Il 14 marzo, su ingiunzione di Hitler, monsignor Jozef Tiso, presidente del Partito popolare slovacco, proclamava l'indipendenza della Slovacchia e la poneva sotto la protezione della Germania. Il giorno successivo il Reich, che aveva già annesso i Sudeti nel 1938, invadeva il resto della Boemia-Moravia facendone un *Reichprotektorat.*

Quest'azione non solo costituiva un'evidente violazione degli accordi di Monaco di Baviera ma era anche motivo di scandalo per il fatto che un uomo di Chiesa fosse stato posto alla guida di uno Stato satellite della Germania nazista. Contrariamente a ciò che è stato a lungo ripetuto, monsignor Tiso non era vescovo. Ordinato sacerdote nel 1910, il suo titolo di «monsignore» era solamente onorifico e legato al titolo di cameriere segreto che gli era stato attribuito nel 1921 da Benedetto XV su richiesta del vescovo di Nitra, di cui era il segretario.[30] In seguito, sebbene non avesse mai rinunciato allo stato clericale, la sua carriera era stata essenzialmente politica: era stato deputato del Partito popolare slovacco, ministro e capo del primo governo slovacco.

La reazione del nuovo papa era attesa. Alcuni giorni dopo i fatti, il cardinale Baudrillart iniziava a spazientirsi: «Chi protesta contro la brutalità, lo spergiuro e l'ingiustizia? Il "vecchio papa" avrebbe già parlato. Il nuovo aspetta; voglia Dio che non esiti».[31] Il dibattito sulle esitazioni e i presunti "silenzi" durante l'intera guerra ha segnato fino a oggi tutte le opere storiche dedicate a Pio XII.

NUOVE REGOLE PER IL CONCLAVE

Tra i numerosi atti e insegnamenti del lungo pontificato di Pio XII (1939-1958) va segnalata la costituzione sulla vacanza della Sede apostolica e sull'elezione pontificia, che rimpiazzò quella promulgata nel 1904 da Pio X, dal titolo quasi identico.

[30] Antoine Marès, «Itinéraire d'un Slovaque: Jozef Tiso (1887-1947)», *Les Cahiers de la Shoah*, n. 9, 2007, pp. 61-89.

[31] Alfred Baudrillart, *op. cit.*, 17 marzo, p. 995.

Nelle prime righe di *Vacantis Apostolicae Sedis*, datata 8 dicembre 1945, Pio XII riconosceva che questa costituzione era fondamentalmente «la stessa di quella di Pio X» ma che era stata «rimaneggiata in diversi punti».[32] Anche la struttura dei due documenti era identica. La prima parte dedicata alla «vacanza della Sede apostolica» trattava infatti del potere del Sacro Collegio nel periodo che va dalla morte del papa all'elezione del suo successore, mentre la seconda parte riguardava «l'elezione del Romano Pontefice».

Vi erano anche le tradizionali disposizioni sull'organizzazione del conclave, sulle modalità di designazione del papa (per ispirazione, compromesso o scrutinio), sull'organizzazione dello scrutinio e sulla maggioranza richiesta per l'elezione. Il documento faceva inoltre riferimento in maniera sistematica a costituzioni e decreti antecedenti (settantanove referenze in totale), segno della volontà di inserirsi nel solco della tradizione. C'erano tuttavia alcune nuove disposizioni:

- la chiusura del conclave rimaneva la regola, con prescrizioni minuziose, ma Pio XII aboliva la clausola di nullità dell'elezione stabilita da Gregorio XV;
- per mantenere la segretezza dell'elezione, il documento elencava i nuovi mezzi di comunicazione vietati all'interno del conclave: «Si vieta assolutamente l'introduzione nel conclave, con qualunque pretesto, di apparecchiature telegrafiche, telefoniche, microfoniche, radiofoniche, fotografiche, cinematografiche e altri strumenti dello stesso genere»;
- il cambiamento più importante riguardava la maggioranza richiesta per essere eletti. Ormai «ai due terzi dei suffragi andrà aggiunto un ulteriore voto in più, senza di cui l'elezione sarà considerata nulla e non valida».

Questa disposizione consentiva di eliminare la formalità della verifica della scheda dell'eletto. Come sappiamo, da secoli i cardinali

[32] *Documents pontificaux de sa Sainteté Pie XII*, Éditions de l'Œuvre de Saint-Augustin, Saint-Maurice 1963, t. VII, pp. 318-354.

avevano l'obbligo di non votare per se stessi. Affinché ciò potesse essere verificato, ogni cardinale doveva scrivere sulla sua scheda un proverbio latino. In caso di contestazione l'eletto doveva indicare il proprio proverbio, in modo che si potesse accertare che non avesse votato per se stesso. La nuova maggioranza stabilita da Pio XII permetteva di evitare qualunque contestazione: anche se l'eletto avesse votato per se stesso, cosa che rimaneva vietata, l'elezione sarebbe rimasta valida poiché la maggioranza di due terzi era raggiunta anche senza il suo voto.

10 · FRANCESCO, IL PRIMO PAPA SUDAMERICANO (2013)

Nel 1978 il polacco Karol Wojtyla fu il primo cardinale non italiano ad accedere al pontificato dai tempi dell'olandese Adriaan Florensz (Adriano VI) nel 1522. Era anche il primo papa proveniente dal mondo comunista. Trentacinque anni dopo, l'elezione di Bergoglio faceva di lui il primo cardinale sudamericano a diventare pontefice e il primo papa proveniente da un Paese emergente. «Ha assunto un nome che nessun papa prima di lui aveva portato e di cui tutti, in una frazione di secondo, hanno colto la portata: Francesco».[1] Per comprendere l'elezione del 2013 bisogna tornare al conclave del 2005, che aveva visto il tedesco Joseph Ratzinger succedere a Giovanni Paolo II.

LA «MAFIA» DI SAN GALLO?

Nel settembre 2015 venne sollevata una polemica: l'elezione del cardinale Bergoglio nel 2013 sarebbe stata preparata da tempo da un gruppo di cardinali e vescovi progressisti che uno di loro definì scherzosamente «mafia» di San Gallo.[2] La *fake news,* perché di questo si trattava, venne ripresa dai media del mondo intero.

Nasceva da un'intervista rilasciata al canale televisivo belga VTM dal cardinale Danneels in occasione della pubblicazione di

1 Alberto Melloni, *Il conclave e Papa Francesco*, Istituto della Enciclopedia italiana, Roma 2014, p. 3.

2 Riprendiamo qui, sviluppandola in diversi punti, un'analisi che abbiamo pubblicato in *Françoisphobie*, Cerf, Paris 2020.

una biografia a lui dedicata.[3] In quell'intervista, che copriva numerosi altri argomenti, il cardinale belga accennava brevemente a quella che lui stesso definiva la «mafia» di San Gallo. La presentò come un gruppo di «alcuni vescovi e cardinali, troppo numerosi per essere elencati», che si riuniva una volta l'anno e che «si esprimeva molto liberamente» sulla Chiesa, sui suoi problemi e il suo futuro. Nell'intervista non citava le elezioni pontificie del 2005 e del 2013, ma uno dei suoi biografi, Jürgen Mettepenningen, interpellato anche lui nell'ambito della trasmissione, dichiarò: «Nel 2013 quel gruppo ha veramente ottenuto il suo scopo con l'elezione di papa Francesco. In un certo senso si può dire che con la sua partecipazione al gruppo il cardinale [Danneels] sia stato uno degli artefici dell'elezione di papa Francesco». Furono sufficienti queste affermazioni affinché nel mondo intero alcuni media parlassero di un complotto volto a far eleggere il cardinale Bergoglio, fallito nel 2005 e riuscito nel 2013.

Questa visione cospirazionista dei recenti conclavi non è convincente, sebbene il gruppo in questione sia davvero esistito. La lettura della biografia del cardinale Danneels e il ricorso ad altre fonti contraddicono la tesi del complotto. Gli autori della biografia hanno avuto accesso a tutti gli archivi del cardinale, che ha accettato di «rispondere a tutte le loro domande». Nel volume la menzione del «gruppo di San Gallo» e delle sue recenti attività è dettagliata e ben documentata.

Il gruppo di San Gallo si era formato nel 1995 per iniziativa del cardinale Martini e di monsignor Ivo Fürer, vescovo di San Gallo, in Svizzera. Martini, gesuita e arcivescovo di Milano, era noto per le sue posizioni progressiste e a favore dell'ecumenismo. Dal 1986 al 1993 era stato anche presidente del Consiglio delle conferenze episcopali d'Europa (CCEE), ruolo prestigioso e di influenza che l'aveva messo in contatto con molti vescovi di tutti i Paesi europei.

Dalla sua creazione, il gruppo fondato dal cardinale Martini si riuniva una volta l'anno a San Gallo o nelle vicinanze. Alla prima

[3] Karim Schelkens e Jürgen Mettepenningen, *Godfried Danneels. Biographie*, Éditions Polis, Anvers 2015.

riunione, nel gennaio 1996, erano presenti monsignor Fürer, che aveva accolto gli altri membri; il cardinale Martini, «forza motrice e ispiratore»; monsignor Verschuren, vescovo di Helsinki; monsignor Vilnet, vescovo di Lilla; monsignor Weber, vescovo di Graz; monsignor Kasper, vescovo di Rottenburg-Stoccarda; e monsignor Lehmann, vescovo di Magonza. Il loro scopo era quello di studiare alcune questioni e proporre riforme nella Chiesa. Gli argomenti affrontati furono numerosi: «Centralismo ecclesiastico, ruolo delle conferenze episcopali, sviluppo del ministero sacerdotale, morale sessuale, politica della nomina dei vescovi, attuazione della collegialità». Il numero dei partecipanti a questo gruppo informale e discreto è stato variabile. Il cardinale Danneels ne ha fatto parte solamente dal 1999, come monsignor Van Luyn, vescovo di Rotterdam. Monsignor Lehmann lasciò invece il gruppo nel 2000. Nella riunione di gennaio 2001 si aggiunsero due nuovi membri: monsignor Murphy-O'Connor, arcivescovo di Westminster, e monsignor Doré, arcivescovo di Strasburgo.

Nel concistoro di febbraio 2001 papa Giovanni Paolo II fece cardinali due membri della presunta «mafia di San Gallo»: Kasper e Murphy-O'Connor (così come un ex membro, Lehmann). Probabilmente non sapeva dell'esistenza del gruppo, che era in opposizione con la linea «accentratrice e restauratrice» del pontificato. Anche monsignor Bergoglio, arcivescovo di Buenos Aires, fu creato cardinale nel corso dello stesso concistoro.

Tre mesi dopo si svolse a Roma un concistoro straordinario di tre giorni dedicato alla comunione nella Chiesa. Uno dei biografi di papa Francesco riferì che in quell'occasione il cardinale Martini, gesuita come Bergoglio e con cui si conosceva da una ventina d'anni, «lo presentò al gruppo di San Gallo, stabilendo un legame che sarebbe cresciuto negli anni successivi con le visite lampo di Bergoglio a Roma».[4] Tuttavia non aggiungeva nulla di più su questo legame «crescente».

[4] Austen Ivereigh, *François le réformateur. De Buenos Aires à Rome*, Éditions de l'Emmanuel, Paris 2017, p. 337.

I biografi del cardinale Danneels collocano le prime relazioni tra il gruppo di San Gallo e Bergoglio tra il settembre e l'ottobre successivo, durante il sinodo dei vescovi in cui il cardinale Bergoglio venne incaricato del rapporto preparatorio. Redasse la relazione finale con il cardinale Egan, arcivescovo di New York: «In questo modo e con il suo atteggiamento Bergoglio guadagna la fiducia di un gran numero di partecipanti di San Gallo, compreso Danneels».[5] Qualunque sia la data dei primi rapporti tra alcuni membri del gruppo e Bergoglio, è certo che fossero informali e nulla attesta che siano stati seguiti da incontri regolari. D'altra parte sappiamo per certo che Bergoglio non ha mai partecipato a nessuna riunione a San Gallo.

Poco tempo dopo, questo "circolo" cambiò molto. Martini lasciò l'arcivescovado di Milano nel 2002 e, affetto dal morbo di Parkinson, non poté più partecipare agli incontri di San Gallo. In seguito il cardinale Silvestrini, ex prefetto della Congregazione per le Chiese orientali, si unì al gruppo nel 2003 con il cardinale Husar, metropolita di Leopoli. Le riunioni assunsero allora un'altra forma: «A partire dal 2003 tutti gli incontri sono incentrati sul periodo successivo a Giovanni Paolo II, la cui salute, sulla quale Silvestrini dà informazioni di prima mano, si è fortemente aggravata».[6] Nel gennaio 2004 il cardinale Policarpo, patriarca di Lisbona, si unisce alla «mafia di San Gallo».

IL FAVORITO E GLI ALTRI

Alla morte di Giovanni Paolo II, nell'aprile 2005, la stampa, come di consueto, stilò una lista dei papabili. Mentre il papa era in agonia e non ancora mancato, *Le Monde* dedicava già diversi articoli alla sua successione. Il giornale presentò in particolare i profili dei cinque cardinali di cui si parlava di più: Dionigi Tettamanzi, arcivescovo di Milano, definito come «riformista moderato»; Angelo Scola, patriarca di Venezia, descritto come un «intellettuale ambizioso»; Joseph Ratzinger, «il rigoroso dottrinario» che il giornale riteneva la «figura

[5] Karim Schelkens e Jürgen Mettepenningen, *op. cit.*, p. 453.
[6] Ivi, p. 456.

emblematica del conservatorismo dottrinale» dell'ultimo pontificato; Jorge Mario Bergoglio, «il gesuita argentino» figlio di immigrati italiani e arcivescovo di Buenos Aires; e Ivan Dias, «il diplomatico indiano» arcivescovo di Bombay, che aveva inizialmente fatto carriera nella diplomazia pontificia. Altre liste citavano l'honduregno Maradiaga o il brasiliano Hummes come papabili tra i sudamericani, con maggiori possibilità rispetto all'argentino Bergoglio.

A proposito di quest'ultimo *Le Monde* scriveva che «le sue omelie, senza essere rivoluzionarie, gli valgono una grande popolarità tra i diseredati e la classe media impoverita. Poco prolisso, non lesina però le parole per denunciare la corruzione della classe politica e la crisi dei valori della società argentina. José Maria [Jorge Mario] Bergoglio sarebbe un buon primo papa italo-americano. A Buenos Aires conduce una vita semplice, spostandosi in metro e autobus, passando i fine settimana nelle parrocchie svantaggiate a contatto con i sacerdoti delle baraccopoli. I suoi due handicap: una salute fragile (ha un solo polmone dopo un'operazione subita a vent'anni) e la poca esperienza nel governo centrale della Chiesa. È cardinale dal 2001».[7] Fa qui la sua comparsa l'informazione errata che sarebbe stata poi ripresa in occasione del conclave del 2013 secondo cui il cardinale argentino avrebbe un solo polmone.

Da parte sua il gruppo di San Gallo non aveva nessun candidato da presentare. I sette cardinali membri o ex membri non erano abbastanza numerosi per avere un peso nel conclave che stava per aprirsi riunendo centoquindici cardinali elettori. Ma ognuno di loro poteva, attraverso i suoi rapporti con gli elettori, cercare di influenzarne il voto.

Tennero una riunione tra di loro a villa Nazareth, a Roma, con Martini, Silvestrini e Danneels. Era presente una dozzina di cardinali progressisti. Concordarono sulla necessità di sviluppare un governo della Chiesa più collegiale, di aprire l'insegnamento della Chiesa

[7] Henri Tincq, «José Maria Bergoglio. Le jésuite argentin», *Le Monde*, 1° aprile 2005. Curiosamente il nome del cardinale, Jorge Mario (che è l'equivalente spagnolo di Giorgio Mario), diventa qui José Maria (ossia Giuseppe Maria).

nel campo dell'etica alle problematiche della modernità e di accordare maggiore responsabilità alle donne nella vita delle parrocchie e della Chiesa in generale. I partecipanti si accordarono anche per fare del cardinale Martini il loro candidato nel conclave che stava per aprirsi. Ciononostante quest'ultimo fece presente che avrebbe potuto essere il portabandiera di questo programma ma «nulla di più, per via del suo stato di salute».[8] Aggiunse che il cardinale Tettamanzi gli sembrava il papabile più affine alle idee che il gruppo intendeva promuovere.

All'opposto, il cardinale Ratzinger era il più in vista. Prefetto della Congregazione per la Dottrina della fede dal 1981 e decano del Sacro Collegio dal 2002, aveva avuto sempre maggiore influenza su Giovanni Paolo II. Uno dei biografi di Benedetto XVI dirà che tra i due uomini si era stabilita «una complicità di ferro», «nonostante la diversità di temperamento, la coerenza delle loro posizioni sul merito delle questioni è così profonda che è impossibile separare questi due successori di Pietro».[9] Sebbene non ambisse a diventare papa, Ratzinger presentava anche un altro vantaggio a causa della durata eccezionale del pontificato di Giovanni Paolo II, essendo il solo cardinale, insieme all'americano William Baum, ad aver partecipato a conclavi precedenti a quello del 1978. Conosceva il funzionamento di un'elezione pontificia, i suoi meccanismi sottili e l'atmosfera particolare in cui lo spirituale si intreccia con le ambizioni e le manovre terrestri.

Ratzinger aveva da poco compiuto settantotto anni. La sua età e l'ostilità di alcuni circoli progressisti potevano essere considerati degli ostacoli. Il vaticanista Marco Politi lo vedeva tuttavia come uno dei due favoriti insieme al cardinale Angelo Sodano, ultimo segretario di Stato di Giovanni Paolo II. Riteneva che: «A settantotto anni [il cardinale Ratzinger] è considerato il candidato ideale per un pontificato di transizione che permetterà alla Chiesa e al collegio

[8] Marco Politi, *Joseph Ratzinger. Crisi di un papato*, Laterza, Bari 2011, pp. 30 e 35.

[9] Nicolas Diat, *L'Homme qui ne voulait pas être pape. Histoire secrète d'un règne*, Albin Michel, Paris 2014, p. 90.

dei cardinali di rimettersi dalla lunga e frenetica corsa di Wojtyla e che allo stesso tempo garantisce un alto profilo spirituale, religioso, culturale e politico».[10] Quello stesso giorno il quotidiano *La Croix* presentava Ratzinger come il «direttore d'orchestra del conclave» in procinto di aprirsi il pomeriggio del 18 aprile.

I suoi sostenitori si erano attivati per promuoverne la candidatura. Vi furono, in particolare, delle riunioni e delle cene organizzate dai cardinali Trujillo e Medina Estévez, due sudamericani che erano stati rispettivamente presidente del Consiglio pontificio per la famiglia e prefetto della Congregazione per il Culto divino. Ce ne furono altre, organizzate a Grottaferrata, vicino Roma, dal cardinale Herranz, membro dell'Opus Dei.

BERGOGLIO, SFIDANTE SUO MALGRADO

Per la prima volta da secoli, il luogo di residenza dei cardinali e quello delle votazioni furono diversi. Gli elettori vennero alloggiati a casa Santa Marta, una residenza all'interno del Vaticano che era stata restaurata e ingrandita durante il pontificato di Giovanni Paolo II. Casa Santa Marta accoglieva di solito cardinali e prelati di passaggio a Roma. Vi alloggiavano abitualmente anche i chierici che lavoravano negli uffici della Curia. Durante il conclave venne riservata ai soli cardinali. Là furono soggetti alle rigide regole del conclave, che includevano in particolare il divieto di comunicare con l'esterno con qualunque mezzo (lettere, e-mail, telefono) e l'impegno solenne, pena la scomunica, di mantenere «il segreto su tutto ciò che riguarda, in qualunque modo, l'elezione del pontefice romano». Si seppe in seguito che il cardinale tedesco Lehmann, arcivescovo di Magonza, aveva tenuto il telefono cellulare. «Sembra, con cognizione di causa, che l'avrebbe utilizzato durante il conclave, riuscendo senza difficoltà ad aggirare il sistema di disturbo delle frequenze apparentemente difettoso predisposto dalla Gendarmeria pontificia!».[11] Quando Benedetto XVI seppe

[10] *La Repubblica*, 13 aprile 2005.
[11] Nicolas Diat, *op. cit.*, p. 64.

di questa violazione del segreto del conclave ne rimase profondamente colpito, ma non osò sanzionarlo.

Il conclave fu uno dei più brevi dell'epoca moderna, insieme all'elezione di Pio XII al termine di tre scrutini e quella di Giovanni Paolo I ottenuta in quattro, smentendo anche il vecchio adagio romano secondo cui: «Chi entra papa in conclave ne esce cardinale». Questa volta il favorito venne davvero eletto e quattro votazioni furono sufficienti. Secondo gli appunti presi da un cardinale che volle rimanere anonimo pubblicati dal vaticanista Lucio Brunelli, l'unica vera competizione fu tra Ratzinger e Bergoglio.[12]

Al primo scrutinio il cardinale Martini avrebbe ottenuto 9 voti in quello che era un suffragio d'omaggio, poiché chi votò per lui sapeva che non desiderava né poteva essere papa per via del morbo di Parkinson di cui iniziava a soffrire. Ruini avrebbe ottenuto 6 voti, Scola 4, Maradiaga 3, Tettamanzi 2, e trentaquattro altri cardinali uno. Il primo scrutinio fu quindi in larga parte un voto di prova.

Al secondo e terzo scrutinio, Ratzinger e Bergoglio guadagnarono entrambi dei voti. Il cardinale argentino fu quindi il solo vero sfidante del tedesco. Ma dieci anni dopo, quando divenne lui stesso papa, smentì con fermezza, nel corso di un'intervista, di aver ottenuto 40 voti durante il conclave del 2005.[13] Sulla base di alcune confidenze ricevute, il vaticanista Luigi Accattoli riferisce che tra il terzo e il quarto scrutinio Bergoglio fece sapere ai suoi sostenitori che si ritirava dalla corsa, non sentendosi pronto per tale missione.[14]

Secondo diverse fonti l'elezione si giocò nel corso del pranzo che si svolse dopo la terza votazione. Il cardinale Martini avrebbe avuto una conversazione con il cardinale Ratzinger prima di esortare

[12] Lucio Brunelli, «Così eleggemmo papa Ratzinger», in *Limes*, n. 4, settembre 2005, pp. 291-300. Lo storico e vaticanista Sandro Magister ha dato una lettura critica di queste pagine sul suo sito: «Codici vaticani. Il mio conclave lo riscrivo così», chiesa.espressonline.it, 7 ottobre 2005.

[13] Intervista al canale televisivo messicano Televisa, 6 marzo 2015.

[14] Luigi Accattoli, «Bergoglio si tirò indietro e Ratzinger fu eletto papa», *Corriere della Sera*, 23 settembre 2005.

i propri sostenitori a votare per l'ex prefetto della Congregazione, «forse considerando insufficiente la statura intellettuale del candidato alternativo [Bergoglio]».[15] Allo stesso tempo concorse un altro elemento: i sostenitori di Ratzinger fecero sapere che si sarebbe ritirato dalla competizione se l'elezione non fosse avvenuta entro la giornata; il cardinale Bergoglio avrebbe dato la stessa indicazione a proprio riguardo.[16]

Così, al quarto scrutinio, Ratzinger ottenne largamente il numero di voti richiesto, 77, per essere eletto. Secondo il cardinale anonimo già citato ne avrebbe ricevuti addirittura 84. Altre fonti, basate su testimonianze diverse, menzionano un'elezione con 95 voti,[17] un centinaio di voti[18] o «forse cento [...] forse anche di più».[19]

IL CONCLAVE DEL 2013

L'elezione di Benedetto XVI rappresentò, secondo i biografi del cardinale Danneels, «l'inizio della fine del gruppo di San Gallo». Alle riunioni successive (nel gennaio 2006 e nel gennaio 2007) parteciparono solamente in quattro e Danneels era l'unico cardinale. Furono le ultime riunioni del gruppo.

Quando Benedetto XVI rinunciò al pontificato il 28 febbraio 2013, dopo che l'annuncio della decisione l'11 febbraio aveva stupefatto il mondo intero, il Sacro Collegio contava duecentootto cardinali, di cui il più anziano era il quasi centenario Tonini, nato nel 1914. La «mafia di San Gallo» era solo un ricordo e la maggior parte dei cardinali che ne avevano fatto parte o erano morti o non potevano più partecipare al conclave avendo superato gli ottant'anni. Il cardinale Bergoglio venne quindi eletto con una dinamica completamente diversa.

[15] Alberto Melloni, *op. cit.*, p. 38.

[16] Marco Politi, *op. cit.*, p. 42.

[17] Giancarlo Zizola, «*L'elezione di Papa Ratzinger*», *Il Mulino*, n. 3, maggio-giugno 2005, pp. 502-515.

[18] John L. Allen, *The Rise of Benedict XVI*, Doubleday, New York 2005, pp. 102-106.

[19] George Weigel, *Benoît XVI. Le choix de la vérité*, Mame-Edifa-Magnificat, Paris 2005, p. 206.

Il cardinale Sodano, in qualità di decano del Sacro Collegio, e il cardinale Bertone come camerlengo assicurarono la vacanza della Santa Sede durante quel periodo eccezionale nella storia della Chiesa in cui un papa aveva rinunciato al potere e si preparava l'elezione del suo successore. I due uomini avevano in comune il fatto di essere stati entrambi successivamente segretari di Stato del pontefice uscente, pur essendo stati «i migliori nemici nella Chiesa durante tutto il pontificato di Benedetto XVI...».[20] Simboleggiavano anche il potere della Curia, la sua rigidità e le sue disfunzioni. Benedetto XVI aveva d'altra parte rinunciato a riformarla, lasciando questo compito necessario al proprio successore.

I due prelati, convinti dal cardinale Re, ex prefetto della Congregazione per i vescovi, sostennero alla fine il cardinale Scherer, arcivescovo di San Paolo, che presentava non solo il vantaggio di una lunga esperienza pastorale nel Paese come il Brasile con il più alto numero di cattolici al mondo, ma anche quello di aver prestato servizio nella Curia (dove aveva conservato una solida rete di relazioni).

Un altro cardinale del Sud America citato spesso in quel periodo era l'honduregno Maradiaga, già considerato papabile nel 2005. Da allora aveva accresciuto la propria notorietà pubblicando dei libri che erano stati tradotti in numerosi Paesi. Difensore dei diritti dell'uomo, impegnato nella denuncia della corruzione e del traffico di droga, sembrava un candidato progressista.

Nei giorni che seguirono la rinuncia di Benedetto XVI, Bergoglio, sfidante di Ratzinger nel 2005, non compariva invece nelle liste dei papabili. I media l'avevano dimenticato e lui non aveva fatto nulla per farsi avanti. Inoltre era difficile immaginare che i cardinali avrebbero potuto scegliere come successore di Benedetto XVI colui che era stato il suo sfidante otto anni prima. Bergoglio avrebbe potuto sembrare una vendetta o quanto meno «una rettifica del precedente pontificato».[21] Fu solo negli ultimi giorni del pre-conclave che il suo nome emerse nuovamente come quello del possibile o auspicabile papa.

[20] Nicolas Diat, *op. cit.*, p. 266.
[21] Alberto Melloni, *op. cit.*, p. 87.

Si faceva inoltre il nome del cardinale Tagle, dall'Asia, che apparteneva a una delle più grandi nazioni cattoliche del mondo: le Filippine. Elevato all'episcopato da Giovanni Paolo II nel 2001, era stato fatto cardinale nel novembre 2012 in occasione del quinto e ultimo concistoro riunito da Benedetto XVI. Quel concistoro era stato sorprendente, dal momento che il precedente si era riunito solo pochi mesi prima. Si capì solamente in seguito che Benedetto XVI aveva voluto elevare al cardinalato alcune personalità di spicco che non appartenevano alla Curia prima di rinunciare al proprio incarico. Tagle era il più giovane tra di loro.

A capo delle grandi diocesi europee vi erano i cardinali Erdö, arcivescovo di Esztergom-Budapest e primate d'Ungheria; Schönborn, arcivescovo di Vienna e un tempo allievo del professor Ratzinger; e Scola, arcivescovo di Milano dopo essere stato patriarca di Venezia, una doppietta quasi senza precedenti nella storia della Chiesa. Tutti loro erano brillanti intellettuali e figuravano tra i papabili.

Scola era «in qualche modo il candidato segreto di Benedetto XVI».[22] Solido teologo, aveva mantenuto rapporti con Ratzinger fin dalla fondazione della rivista *Communio*, avvenuta nel 1974 sotto la guida del teologo svizzero Hans Urs von Balthasar. Negli ultimi mesi del suo pontificato Benedetto XVI aveva reso omaggio al cardinale Scola a più riprese. Nelle settimane precedenti il conclave, mentre il nome di Scola era stato messo in evidenza dalla stampa, Sodano e Bertone gli facevano segretamente la guerra.

In seno alla Curia, anche il cardinale Ouellet compariva tra i nomi dei papabili che circolavano. Disponeva di diversi punti di forza. Canadese, proveniva dal nuovo mondo ed era diventato una figura chiave del Vaticano. Ex arcivescovo di Québec, era stato promosso prefetto della Congregazione per i Vescovi da Benedetto XVI nel 2010 ed era allo stesso tempo presidente della Pontificia Commissione per l'America Latina, un doppio ruolo che l'aveva messo in contatto costante con vescovi e cardinali del mondo intero. Alla sua notorietà si aggiungeva una reale vicinanza con Benedetto XVI.

[22] Nicolas Diat, *op. cit.*, p. 404.

Era, con il prefetto della Congregazione della Dottrina della fede, uno dei due cardinali ricevuti ogni settimana in udienza dal papa. Alcuni altri capi di dicastero venivano ricevuti dal papa solamente una volta l'anno.

UNA CONGREGAZIONE GENERALE DECISIVA?

Nel 1970 Paolo VI aveva stabilito che solamente i cardinali che non avessero superato gli ottant'anni avrebbero potuto partecipare al conclave. In questo modo nel febbraio 2013 sui 208 cardinali del Sacro Collegio solamente 117 potevano essere elettori. Tutti potevano invece prendere parte alle congregazioni generali che avrebbero preceduto l'apertura del conclave. Queste ultime avevano lo scopo di passare in rassegna i problemi che la Chiesa doveva affrontare e confrontare i punti di vista. Era anche l'occasione, per chi prendeva la parola, di farsi conoscere meglio dagli altri cardinali.

Iniziarono il 4 marzo sotto la presidenza del cardinale Sodano. Ve ne furono due al giorno, una la mattina e una il pomeriggio, a eccezione della domenica. In totale si tennero dieci congregazioni generali, a cui presero parte tutti i cardinali (elettori e non elettori) man mano che arrivavano a Roma. Tutti potevano prendere la parola, ma gli interventi erano limitati a cinque minuti in modo da poter ascoltare più voci possibile. Non tutti i cardinali chiesero di intervenire, ma alcuni presero la parola più volte. In totale in dieci giorni vi furono circa centosessanta interventi (né registrati, né pubblicati, né seguiti da un dibattito).

Secondo la testimonianza del cardinale Maradiaga: «Durante quelle giornate abbiamo parlato della necessità di rendere il Vaticano e la Chiesa ancora più collegiali e universali, in modo da affrontare la piaga della persecuzione dei cristiani nel mondo, degli interventi da compiere nello IOR,[23] della riforma della Curia e di molte altre cose (tra cui la massoneria, le lobby e Vatileaks)».[24]

[23] L'istituto per le Opere di Religione, la principale istituzione finanziaria della Santa Sede.

[24] Cardinal O. Rodríguez Maradiaga, prefazione a Fabio Marchese Ragona, *Tutti gli uomini di Francesco*, Edizioni San Paolo, Milano 2018.

Il cardinale Bergoglio prese la parola il sesto giorno delle congregazioni generali, ossia sabato 9 marzo. Il suo discorso fu breve. Aveva solo pochi appunti su un foglio di carta. Alcuni giorni dopo, su richiesta del cardinale Ortega, arcivescovo di La Havana, diede forma alle sue note e gli consegnò il testo. Dopo l'elezione, Ortega lo rese noto durante un'omelia nella cattedrale di La Havana e lo fece pubblicare nella rivista della diocesi.[25]

Nel suo breve intervento, che durò non più di tre minuti e mezzo invece dei cinque previsti per ciascuno, vi erano numerosi temi ed espressioni che sarebbero stati propri del suo pontificato. Il cardinale Bergoglio affermava che «la Chiesa è chiamata a uscire da se stessa e ad andare nelle periferie, geografiche quanto esistenziali: là dove sono il mistero del peccato, il dolore, l'ingiustizia, l'ignoranza, là dove la religione e il pensiero sono disprezzati, là dove sono tutte le miserie». Citò anche il grande pericolo di una «Chiesa autoreferenziale», di una «Chiesa mondana che vive ripiegata su se stessa e per se stessa». Aveva concluso che «quest'analisi dovrebbe fare luce sui cambiamenti e le riforme possibili che vanno compiute per la salvezza delle anime» senza dire di più sulle riforme da intraprendere.

Questo intervento del cardinale Bergoglio segnò un punto di svolta decisivo nel pre-conclave? Le testimonianze sono divergenti. Il cardinale britannico Murphy-O'Connor afferma nelle sue *Memorie*: «Quando si è seduto è calato il silenzio. Ho guardato i volti dei cardinali intorno a me. Molti erano commossi da ciò che aveva detto. Fu quello il momento, credo, in cui alcuni hanno iniziato a chiedersi se avessero appena sentito la voce dell'uomo che avrebbe portato la Chiesa a ritrovare la sua forza e a darle un nuovo orientamento».[26] Il cardinale honduregno Maradiaga ricorda invece: «Il discorso dell'arcivescovo di Buenos Aires ci ha stupito: il cardinale Bergoglio si è presentato con umiltà, quasi con l'aria di scusarsi di aver preso la parola, ma ha sollevato questioni che stavano a cuore a molti altri

[25] *Palabra nueva*, 26 marzo 2013; traduzione francese sul sito Zenit il 27 marzo 2013.

[26] Cormac Murphy-O'Connor, *An English Spring. Memoirs*, Bloomsbury, London 2015, p. 216.

cardinali e che, fino a quel momento, nessuno aveva affrontato».[27] Infine, il cardinale austriaco Schönborn si voltò verso il suo vicino e gli disse: «Ecco quello di cui abbiamo bisogno».[28]

Ma dire che tutti i prelati presenti ritennero si trattasse di un momento storico, di una svolta nell'elezione del prossimo papa, equivarrebbe a inventare una leggenda dorata. Il cardinale italiano Coccopalmerio, che in seguito figurò tra i sostenitori di Bergoglio, riconobbe che sul momento non era stato particolarmente impressionato dalle parole dell'arcivescovo di Buenos Aires: «Non me lo ricordo. Voglio dire che non mi ricordo esattamente il loro contenuto. È strano che io non me lo ricordi ma è così». Il cardinale Jean-Pierre Ricard, che come altri due cardinali francesi prese la parola nel corso delle congregazioni generali, confidò: «Sono stato colpito dal tono dell'intervento del cardinale Bergoglio (sulla Chiesa che non deve assomigliare alla donna curva del Vangelo). Ma non ho avuto l'impressione che fosse un punto di svolta nel pre-conclave. Un cardinale mi ha detto: "Il futuro papa dovrebbe dire cose come queste". Non mi ha detto: "Dovrebbe diventare lui il prossimo papa". Non c'era nulla di deciso».[29]

LA RIUNIONE DEL LUNEDÌ SERA

A margine delle congregazioni generali ufficiali si svolsero anche numerosi incontri informali tra diversi cardinali (elettori o non elettori) che alloggiavano ancora in luoghi differenti di Roma. Va notato che il cardinale Bergoglio non partecipò a nessuno di loro. Lunedì 11 marzo si tenne l'ultima congregazione generale prima dell'ingresso in conclave previsto per il giorno successivo. Quel lunedì sera Bergoglio cenò da solo alla *Domus Sacerdotalis Paulus VI* dove alloggiava.

In quel momento, negli appartamenti del cardinale Nicora in Vaticano, si svolgeva una cena importante per creare una dinamica favorevole a Bergoglio. Sembra che la riunione fosse stata organizza-

[27] Cardinale R. Maradiaga, prefazione a Fabio Marchese Ragona, *op. cit.*

[28] Citato da Austen Ivereigh, *op. cit.*, p. 457.

[29] Testimonianza resa dal cardinale Jean-Pierre Ricard all'autore, il 18 marzo 2020.

ta dal cardinale Murphy-O'Connor. Non lo dice nelle sue memorie, ma il giorno seguente ne informò il vaticanista Gerard O'Connell, che ha riferito di come fossero presenti «una quindicina abbondante di cardinali elettori provenienti da diversi Paesi di vari continenti». C'erano numerosi italiani della Curia (Antonelli, Bertello, Coccopalmerio e Nicora) e l'arcivescovo emerito di Torino, Severino Poletto. Erano presenti molti altri europei: il britannico Murphy-O'Connor, il solo a non poter più partecipare al conclave avendo superato gli ottant'anni; l'irlandese Brady; il francese Tauran; il tedesco Kasper. Parteciparono alla riunione anche alcuni cardinali influenti di altri continenti: l'honduregno Maradiaga, il ghanese Turkson e l'indiano Gracias, mentre non c'era nessun cardinale del nord America.

Tutti i partecipanti all'incontro erano più o meno già convinti della causa del cardinale Bergoglio. Gerard O'Connell ha riassunto in questo modo la serata: «Nel corso della riunione ognuno di loro ha confermato, o in alcuni casi rivelato, che aveva deciso di sostenere il cardinale Bergoglio fin dal primo turno. Uno dopo l'altro hanno citato anche i nomi di loro pari del Collegio elettorale che ritenevano avrebbero fatto la stessa scelta e che con ogni probabilità avrebbero votato per l'argentino. Dopo che tutti ebbero finito di parlare, Coccopalmerio, che aveva preso appunti su tutto ciò che si diceva, fece un rapido calcolo da cui risultava che al primo giro di scrutinio Bergoglio avrebbe potuto contare su almeno 25 voti. Quando la serata si concluse, si separarono sapendo che l'arcivescovo di Buenos Aires sarebbe entrato il giorno successivo nella cappella Sistina potendo ragionevolmente sperare di raccogliere dal primo turno tra i venti e i trenta voti».[30]

Per quanto questa riunione possa essere stata importante per creare una dinamica favorevole al cardinale Bergoglio, non si può in ogni caso parlare di complotto. Basta considerare i numeri: era riunita una quindicina di cardinali sui centoquindici elettori del conclave. Del gruppo di San Gallo di un tempo erano presenti solamente in due: Kasper e Murphy-O'Connor (che non era più elettore).

[30] Gerard O'Connell, *The Election of Pope Francis*, Orbis Books, New York 2019.

Né Silvestrini (che non era più elettore neanche lui), né Danneels parteciparono alla riunione. Aggiungiamo un altro elemento importante: non solo il cardinale Bergoglio non era presente, non era neanche stato informato dell'iniziativa.

ALCUNE VOCI

Il conclave durò due giorni: si tenne martedì 12 e mercoledì 13 marzo. Le cerimonie e le votazioni si svolsero, secondo la tradizione, nella cappella Sistina. Come nel conclave precedente, i cardinali alloggiavano a casa Santa Marta, a poche centinaia di metri da là.

Sui centodiciassette cardinali che potevano prendere parte al conclave, due rinunciarono: l'indonesiano Julius Riyadi Darmaatmadja per motivi di salute e Keith O'Brien, che il 25 febbraio aveva dovuto dimettersi da arcivescovo di Edimburgo per un'accusa di «comportamento indecente» nei confronti di alcuni seminaristi.

All'apertura del conclave i cardinali elettori si impegnarono uno a uno con un giuramento a mantenere il segreto sullo svolgimento. Ciononostante, dopo il conclave alcuni di loro fecero delle confidenze o divulgarono alcuni documenti. Il vaticanista Gerard O'Connell, per esempio, ebbe accesso a un documento di questo tipo: «Uno dei cardinali elettori del conclave del 2013 che aveva preso appunti ai successivi giri di scrutinio nella cappella Sistina ha ritenuto opportuno farmeli avere, "per la storia" e dietro anonimato assoluto, ma sapendo bene che li avrei pubblicati». Il saggista e editore Nicolas Diat invece ottenne le confidenze di diversi cardinali e prelati della Curia. Le loro due opere, incrociate con numerose altre fonti, permettono di ricostruire in maniera verosimile lo svolgimento del conclave del 2013.

Come dissero i cardinali Kasper e Scola, «a differenza del conclave del 2005 in cui era emerso subito un nome, il conclave del 2013 è iniziato senza un candidato»,[31] sarebbe a dire senza che un nome si imponesse alla maggioranza. Al primo scrutinio, nel tardo pomeriggio di martedì, il cardinale Scola ottenne il maggior numero di

[31] Angelo Scola, *Ho scommesso sulla libertà*, Solferino, Milano 2018.

voti (30). Anche Bergoglio ne ricevette un quantitativo importante (26) in linea con le speranze della riunione della vigilia tenutasi da Nicora. Ma nulla era già deciso. Altri due cardinali avevano ottenuto un numero non trascurabile di voti: Ouellet con 22 e O'Malley con 10 avevano ancora possibilità di andare in progressione. Scherer ne aveva ricevuti solo 4, con gran disappunto dei suoi grandi elettori, Bertone e Re. Una quindicina di altri candidati aveva ottenuto uno o due voti. Tra i candidati più votati due erano nordamericani (Ouellet e O'Malley) e due sudamericani (Bergoglio e Scherer), segno che gli elettori erano pronti a eleggere un non europeo.

Secondo le diverse fonti disponibili, dopo quella prima votazione la cena del martedì sera e le conversazioni che si tennero prima e dopo di essa diedero luogo, a seconda dei casi, a manovre o alleanze. Un cardinale (che ha conservato l'anonimato) ha riferito così a Nicolas Diat ciò che aveva visto: «Benedetto XVI credeva ingenuamente che il cardinale Scola sarebbe stato eletto. Ma per raggiungere quel risultato il papa avrebbe dovuto chiedere fermamente al cardinale Bertone di smettere di denigrarlo, perché il solo obiettivo del segretario di Stato durante il conclave fu quello di sbarrare la strada al cardinale più vicino al pensiero di Joseph Ratzinger. Per noi era uno strano spettacolo: il braccio destro di Benedetto XVI attaccava di continuo colui che era senza dubbio l'espressione dell'ultima volontà del papa...».[32]

D'altra parte, seguaci di Ratzinger come lo srilankese Ranjith o lo spagnolo Cañizares comunicarono quel martedì sera la propria intenzione di votare ormai per Bergoglio.

Durante le due votazioni del mercoledì mattina, Bergoglio arrivò in testa (45 poi 56 voti) e Scola solamente secondo (38 poi 41 voti). La dinamica favorevole all'argentino si profilava in maniera sempre più netta.

Dopo le due votazioni del mattino, la lunga pausa pranzo a casa Santa Marta fu decisiva. Le conversazioni dei cardinali, seduti a tavola in piccoli gruppi più o meno informali, furono incentrate

[32] Citato da Nicolas Diat, *op. cit.*, p. 410.

soprattutto sull'elezione in corso. In molti cercavano ancora di informarsi su questo o quel candidato.

Tra i centoquindici cardinali riuniti in conclave pochi conoscevano personalmente Bergoglio, anche tra i cinquantasei che avevano votato per lui all'ultimo turno del mattino. Aveva compiuto settantasei anni pochi mesi prima, nel dicembre 2012, e l'età poteva far dubitare alcuni della sua capacità di intraprendere le riforme necessarie. Bergoglio stesso avrebbe dichiarato in seguito di essere venuto a Roma con la sua lettera di dimissioni in tasca e l'intenzione di consegnarla al futuro papa.

Durante quella pausa pranzo si diffuse una voce sulla salute del candidato argentino. Secondo la testimonianza del cardinale Maradiaga venne messa in circolazione da un cardinale che sosteneva un altro papabile: Bergoglio sarebbe stato malato e avrebbe avuto un solo polmone. Come abbiamo visto, questa voce era già circolata in occasione del conclave del 2005. Dopo aver parlato con altri cardinali, Maradiaga ebbe il coraggio di andarlo a chiedere all'interessato. Riportò che: «Il cardinale Bergoglio, molto sorpreso dalla domanda, mi confermò che a parte un po' di sciatica e un piccolo intervento al polmone sinistro per la rimozione di una cisti quando era giovane, non aveva grandi problemi di salute».[33] Alla fine del pranzo un altro cardinale, lo spagnolo Abril y Castelló, fece la stessa domanda a Bergoglio e ricevette un'identica risposta.

Circolava anche un'altra voce sul candidato: durante il periodo in cui l'Argentina era governata da una giunta militare, dal 1976 al 1983, avrebbe sostenuto la dittatura e denunciato alle autorità due suoi confratelli gesuiti. L'accusa era stata lanciata in un libro del 2005 da Horacio Verbitsky, giornalista argentino e militante politico.[34] Padre Guillermo Marcó, portavoce dell'arcivescovo di Buenos Aires aveva smentito sui media le accuse di Verbitsky. Durante il conclave del 2013 quella voce riemerse.

[33] Cardinale R. Maradiaga, prefazione a Fabio Marchese Ragona, *op. cit*

[34] Horacio Verbitsky, *El silencio. De Paulo VI a Bergoglio: las relaciones secretas de la Iglesia con la Esma*, Sudamericana, Buenos Aires 2005.

Prima di riprendere le votazioni del mercoledì pomeriggio, un cardinale andò perfino a «parlare all'influente cardinale Karl Lehmann, capo dell'ala progressista della Chiesa tedesca, per cercare di dissuaderlo dal votare e fare votare Bergoglio, sostenendo che la sua elezione avrebbe comportato forti turbolenze politiche per via della sua collusione con la dittatura militare».[35] Lehman decise di informarsi dal cardinale brasiliano Hummes, amico e vicino di conclave di Bergoglio, che gli rispose senza giri di parole: «Posso assicurarle che sono solo menzogne!». In seguito il giornalista Nello Scavo ha dimostrato con un'inchiesta rigorosa che quelle accuse erano false e che, al contrario, Bergoglio aveva salvato numerose vite durante la dittatura.[36]

Dopo il pranzo di mercoledì e prima delle votazioni pomeridiane ci fu un cambio di rotta. Dal momento che il loro candidato, Scherer, non aveva più nessuna possibilità di essere eletto, «i cardinali Bertone e Re [si] recarono a turno dal cardinale Bergoglio per dargli il loro appoggio. Una parte della Curia e del partito italiano si schierò quindi con l'arcivescovo di Buenos Aires per opportunismo».[37]

Alla prima votazione del pomeriggio (il quarto scrutinio del conclave) continuò la progressione del cardinale Bergoglio: 67 voti contro i 32 per Scola, con 16 voti ancora distribuiti tra altri tre cardinali. Non essendo però ancora stati raggiunti i due terzi dei votanti, ossia 77 voti, venne organizzato un quinto scrutinio.

Tuttavia vi fu un incidente. Dopo che tutti i cardinali avevano depositato le schede nell'urna, queste furono contate dai tre scrutatori come avveniva prima dello spoglio di ogni scrutinio. Ne trovarono 116 invece di 115. Un cardinale aveva depositato una scheda bianca oltre a quella su cui aveva scritto il nome del cardinale che voleva fosse eletto. Per fortuna la costituzione apostolica che stabilisce le regole dell'elezione pontificia aveva previsto in maniera esplicita

[35] Gerard O'Connell, *op. cit.*

[36] Nello Scavo, *La lista di Bergoglio. I salvati da Francesco durante la dittatura*, EMI, Bologna 2013.

[37] Nicolas Diat, *op. cit.*, p. 422.

quest'eventualità: «Se il numero delle schede non corrisponde al numero degli elettori, queste vanno bruciate tutte e bisogna procedere subito a una nuova votazione».[38]

Le schede della quinta votazione furono quindi bruciate senza effettuarne lo spoglio e si procedette immediatamente a un nuovo voto. In seguito, quando l'episodio divenne noto, un giornalista cattolico italiano, Antonio Socci, affermò che questo errore e il voto successivo avevano invalidato l'elezione. Cercò di dimostrarlo in un libro in cui concludeva che «l'elezione di Bergoglio è nulla, non è mai esistita».[39] Il volume, pubblicato da un grande editore italiano, incontrò un certo successo in libreria e la sua tesi venne ripresa da numerosi blog e siti cattolici in Italia, Francia e altrove.

Nessuno dei cardinali che hanno preso parte all'elezione, e tra di loro vi erano alcuni grandi esperti del canone, ha mai rilevato un'infrazione o ritenuto che la procedura non fosse stata rispettata. Geraldina Boni, specialista del diritto canonico e professoressa dell'università di Bologna, ha scritto un lungo articolo per confutare la tesi di Socci e dimostrare la vacuità delle sue argomentazioni.[40]

L'ultima votazione del tardo pomeriggio del 13 marzo assegnò 85 voti a Bergoglio, 20 a Scola, 8 a Ouellet e 2 a Vallini. Sebbene trenta cardinali avessero continuato a rifiutare il loro voto a Bergoglio l'elezione era fatta.

UNA FAKE NEWS

Gerard O'Connell riferì che alcuni cardinali non erano «contenti» di questa elezione al pontificato. Citò le parole del cardinale Rodé, fino ad allora prefetto della Congregazione per gli Istituti di vita consacrata e le Società di vita apostolica. Rivolgendosi verso il suo vicino, il cardinale Levada, gli avrebbe detto «sopraffatto»:

[38] *Universi Dominici Gregis*, 1996, § 68.

[39] Antonio Socci, *Non è Francesco. La Chiesa nella grande tempesta*, Mondadori, Milano 2014.

[40] Geraldina Boni, «Sull'elezione di Papa Francesco», in *Archivio Giuridico*, 2015, n. 1, pp. 179-191

«Sarà un disastro!».[41] Il vaticanista O'Connell precisò in una nota: «Secondo una delle mie fonti, che cita il cardinale Levada, il cardinale Rodé avrebbe ripetuto questo commento ad altri elettori nel momento in cui Francesco usciva dalla cappella Sistina». O'Connell non avrebbe ricevuto questa confidenza direttamente dal cardinale Rodé e nemmeno dal cardinale Levada, che l'avrebbe sentita, ma, afferma, da una «fonte che cita il cardinale Levada». Si tratta quindi di una testimonianza indiretta. Abbiamo interpellato noi stessi il cardinale Rodé affinché confermasse di aver avuto una prima reazione negativa o lo smentisse. La sua risposta è stata chiara: «Penso che questa *fake news* venga dall'America. Non l'ho detto. Appena eletto, ho detto a papa Francesco: "Penso che sarà un buon pontificato!". E mi ha risposto: "*Si el diablo no mete la pata*". Questa è la verità».[42]

«Se il diavolo non ci mette lo zampino», ecco una risposta nello stile e nello spirito di papa Francesco, che durante il suo pontificato ha citato spesso l'azione del demonio nella vita degli uomini e in quella della Chiesa.

[41] Gerard O'Connell, *op. cit.*
[42] Lettera del cardinale Franc Rodé all'autore, 20 marzo 2020.

EPILOGO · IL DOPO FRANCESCO

Primo papa gesuita, primo papa sudamericano e primo papa a non aver mai ricoperto nessun incarico nella Curia romana, Francesco ha inaugurato un «pontificato inedito», secondo l'espressione del cardinale Scola. Colui che fu il solo sfidante di Bergoglio durante il conclave del 2013 riconosce inoltre che: «L'arrivo di un papa come Francesco è stato un pugno nello stomaco sferrato dallo Spirito Santo per farci svegliare».[1]

Senza stilare il bilancio completo di un pontificato di oltre dieci anni, ricordiamo tuttavia due riforme importanti. Da un lato va citata la creazione, fin dai suoi inizi come papa, di un Consiglio dei cardinali: il C8, in seguito C9, ossia otto e poi nove cardinali di diversi continenti che si sono riuniti una quarantina di volte insieme al papa. Dall'altro dobbiamo menzionare la riforma generale della Curia romana, riforma che Benedetto XVI aveva rinunciato a intraprendere e che dopo una lunga preparazione è entrata in vigore nel 2022.

Tra gli altri tratti distintivi di questo pontificato va sottolineato anche il ricorso molto più frequente al sinodo dei vescovi, spesso segnato da controversie (sull'accesso dei divorziati risposati alla comunione, sull'ordinazione di uomini sposati, sull'accesso delle donne ai ministeri). Papa Francesco ha anche proseguito la lotta contro la pedofilia e gli abusi sessuali nella Chiesa e la riforma delle strutture finanziarie della Santa Sede iniziate dal suo predecessore.

[1] Angelo Scola, *op. cit.*

Le restrizioni alla celebrazione della liturgia tradizionale, gli inviti ad accogliere e integrare i migranti, l'impegno della Chiesa in favore dell'ecologia e le sanzioni che hanno colpito cinque cardinali (O'Brien, McCarrick, Gulbinowicz, Becciu e Ricard) sono altre caratteristiche del suo regno come papa.

Il bilancio del pontificato peserà sul conclave che si aprirà dopo la morte di Francesco. Ma ciò che è certo è che per dieci anni non sono mancati gli oppositori e i critici, anche tra i cardinali, in particolare per la scelta di dare la priorità all'aspetto pastorale su quello dottrinale. Nel marzo 2022 è persino circolato tra i cardinali e nella Curia un memorandum molto critico sull'attuale pontificato firmato con lo pseudonimo *Demos* ("il popolo" in greco).[2] Solo dopo la morte del cardinale australiano George Pell, nel gennaio 2023, si è saputo che ne era lui l'autore. Pell era stato membro del C8 e prefetto del segretariato per l'Economia. Nella prima parte il memorandum stilava punto per punto il bilancio di un pontificato «disastroso [...] una vera catastrofe». Poi, nella seconda, faceva in nove punti alcune considerazioni sui problemi che avrebbe dovuto affrontare il prossimo conclave e il profilo che avrebbe dovuto avere il nuovo pontefice: sarebbe dovuto essere garante dell'«unità» e della «dottrina», senza «essere necessariamente il miglior evangelizzatore del mondo, né una forza politica».

Il prossimo conclave sarà composto in maggioranza da cardinali creati da papa Francesco. In dieci concistori (quasi uno l'anno) ne ha creati 162, quindi quasi due terzi del Sacro Collegio, che nell'aprile 2025 contava 252 membri.

Di questi solamente 137 potranno partecipare al prossimo conclave, senza contare che il numero degli effettivi cambia costantemente per via dei cardinali che raggiungono gli ottant'anni e perdono così il diritto di partecipare al conclave. Su 137 futuri elettori, 110 sono stati nominati da Francesco. Ma ciò non significa che tutti siano "bergogliani" o disposti a eleggere un papa che sia in continuità con Francesco.

[2] È stato pubblicato dallo storico e vaticanista Sandro Magister sul suo blog *Settimo Cielo* il 15 marzo 2022.

In questa decisione peserà anche la provenienza geografica. Nel futuro conclave gli europei non saranno più la maggioranza: saranno 54 su 137 elettori e il numero dei cardinali di altri continenti non sarà mai stato così alto. In effetti ci saranno più sudamericani che nordamericani e un numero significativo di asiatici (24 cardinali).

I conclavi più recenti hanno però dimostrato che la solidarietà nazionale o continentale non è sufficiente a determinare i voti. In passato abbiamo visto costituirsi "fazioni" e "partiti", un fenomeno continuato in epoca contemporanea in modo meno brutale. E in effetti alla base dei conclavi c'è sempre un meccanismo elettorale: «Alcuni cardinali sono più influenti di altri all'interno del Sacro Collegio. Intorno a loro si coalizzano prelati che scelgono di sostenere insieme un candidato. [...] Tuttavia non bisogna sopravvalutare questa logica di gruppo che non è affatto un modo di posizionarsi blocco contro blocco. Non vi è dubbio però che esistano dei raggruppamenti intorno a personalità carismatiche e che questi abbiano un peso nell'elezione del papa».[3]

D'altra parte papa Francesco aveva accennato più volte alla possibilità di dimettersi il giorno in cui il suo stato di salute non gli avesse consentito più di assolvere gli obblighi del suo incarico. Poi alla fine del 2022 aveva dichiarato di aver consegnato, all'inizio del pontificato, una lettera di rinuncia da rendere pubblica in caso di impedimento per ragioni mediche al cardinale Bertone, allora segretario di Stato.[4] Avrebbe inoltre affermato che non intendeva rinunciare al titolo finché Benedetto XVI fosse stato in vita, affinché non ci fossero due papi emeriti allo stesso tempo. Ma dopo la morte di Benedetto XVI, avvenuta il 31 dicembre 2022, questo freno è venuto meno. In ogni caso papa Ratzinger ha creato un precedente: non solo è stato il primo papa dell'era moderna a rinunciare al proprio incarico, è stato anche più a lungo papa emerito (per quasi dieci anni) di quanto sia stato pontefice in funzione (otto anni).

[3] Nicolas Diat, *op. cit.*, p. 403.

[4] Intervista al quotidiano spagnolo *ABC* del 18 dicembre 2022.

La morte di papa Francesco aprirà infinite possibilità. Un tempo i papabili erano i cardinali designati più o meno chiaramente dal papa ancora in vita come i più adatti a succedergli. In seguito, a partire dal XVII secolo, il termine ha indicato anche i cardinali che a Roma, nella Curia e tra i diplomatici accreditati presso la Santa Sede erano considerati come i più adatti o desiderosi di accedere al Supremo Pontificato. La notorietà è quindi diventata gradualmente un criterio aggiuntivo. Come abbiamo visto, dal XX secolo alcuni cardinali si sono impegnati per farsi conoscere al di fuori delle loro diocesi o della Curia. Sono diventati abili nel comunicare, moltiplicando libri, viaggi e conferenze all'estero.

Tuttavia nei fatti, durante il conclave, i cardinali che potrebbero essere eletti papa non vengono giudicati in base a ciò che se ne dice sulla stampa o alle voci che circolano su di loro. Come abbiamo visto nel caso di Bergoglio, gli elettori sanno verificare le dicerie.

In realtà l'elezione avviene tenendo conto di diverse considerazioni: il profilo religioso, gli interventi fatti in occasione dei sinodi, nelle congregazioni generali o in altre circostanze, ma anche l'età, lo stato di salute, la nazionalità e, naturalmente, le necessità della Chiesa. In definitiva «fare previsioni è sempre difficile se non impossibile. I giochi non sono, per così dire, mai chiusi e i cardinali non sanno quasi mai chi sarà il prossimo papa: lo cercano».[5]

Negli anni, alcune pubblicazioni hanno costantemente provato a capire quali saranno i papabili al conclave che seguirà la morte di papa Francesco. Il nome del cardinale filippino Tagle, pro-prefetto del Dicastero per l'evangelizzazione, compare in numerosi elenchi e articoli, come in occasione del conclave del 2013. Potrebbe essere il primo papa asiatico. Ma circolano anche altri nomi in caso di ritorno a un papa europeo. Citiamo per esempio Jean-Claude Hollerich, primo lussemburghese a diventare cardinale (nel 2019)

[5] Christophe Dickès, «*Papabile*», in *Dictionnaire du Vatican et du Saint-Siège*, Robert Laffont, Paris 2013, p. 755.

e grande difensore della sinodalità attuata da papa Francesco. Ma l'essere un gesuita gioca in suo sfavore, perché sarebbe molto improbabile che si succedessero sul trono di Pietro due gesuiti. Viene citato anche il nome del cardinale Zuppi, arcivescovo di Bologna, presidente della Conferenza episcopale italiana (CEI) e vicino alla comunità di Sant'Egidio, un'organizzazione politico-caritativa che papa Francesco aveva molto apprezzato. Al cardinale Zuppi sono state affidate alcune missioni delicate negli ultimi giorni del pontificato. Viene fatto anche il nome dell'inglese Arthur Roche, diventato prefetto della Congregazione per il Culto divino nel 2021 e, a questo titolo, fedele esecutore della nuova politica di papa Francesco sulla liturgia tradizionale. E ancora, il cardinale Tolentino, nato a Madeira, prefetto del Dicastero per la Cultura e la Comunicazione, bergogliano "discreto".

Tuttavia i cardinali potrebbero allontanarsi dai candidati troppo "bergogliani" e sostenere un nuovo pastore universale che sia più interessato alle affermazioni dottrinali o a un governo della Chiesa meno autoritario di quello di papa Francesco (che ha spesso malmenato, a parole, la Curia e la gerarchia in generale). In questo senso viene fatto spesso il nome del cardinale Erdö, arcivescovo di Budapest, dottore in teologia e diritto canonico, perché potrebbe rassicurare chi vuole un riposizionamento verso il centro (geografico e dottrinale) del papato.

Se entrassero in gioco considerazioni diplomatiche e geopolitiche, il cardinale Parolin, Segretario di Stato, potrebbe essere un'opzione. Si parla anche della figura del cardinal Ambongo, l'arcivescovo di Kinshasa che si è fatto portavoce dei vescovi africani sulla delicata questione della benedizione delle coppie omosessuali.

Dal punto di vista giuridico il papato è una monarchia elettiva. Il papa è per certi versi un monarca assoluto, poiché pur essendo affiancato da consigli (il Sacro Collegio, riunito regolarmente in concistoro, o il più ristretto Consiglio dei cardinali, creato da papa Francesco) esercita i tre poteri (esecutivo, legislativo e giudiziario). Il conclave è oggi un'istituzione millenaria che non viene più contestata anche se ogni papa si è impegnato a precisarne il funzionamento e cardinali, vescovi e teologi suggeriscono in maniera ricorrente modifiche da introdurre nell'elezione pontificia.

Alcuni teologi e prelati progressisti ritengono che delegare l'elezione del papa ai soli cardinali sia una forma superata di cooptazione. Credendo che la Chiesa non si limiti ai gradi più elevati della sua gerarchia, vogliono allargare il corpo elettorale tenuto a designare il futuro papa. Nel sinodo che si tenne a Roma nell'ottobre 1969, Suenens e Pellegrino proposero una riforma delle modalità d'elezione dei papi secondo cui i vescovi del mondo intero potrebbero essere associati ai cardinali per l'elezione del sovrano pontefice, venendo rappresentati in conclave da dei delegati. In seguito alcuni teologi hanno avanzato una proposta più concreta: i presidenti delle conferenze episcopali nazionali, che sono circa un centinaio, potrebbero diventare membri di diritto del conclave al pari dei cardinali.

Il cardinale Brandmüller, esperto di storia della Chiesa ed ex presidente del Pontificio Comitato di Scienze Storiche, ha al contrario proposto una riforma della composizione del conclave che lo riporterebbe alle sue origini storiche.[6] Il numero elevato di cardinali elettori rende il conclave un'assemblea numerosa i cui membri «sono sparsi a livello geografico, non si conoscono tra di loro e conoscono ancora meno le reali esigenze del ministero di Pietro». Per questi motivi, Brandmüller propone di riservare il diritto di voto a «un collegio cardinalizio molto ristretto e realmente romano, pur allargando allo stesso tempo la cerchia degli eleggibili alla Chiesa universale». Sarebbero elettori soltanto i cardinali in servizio a Roma ed eleggibili unicamente coloro che abbiano completato almeno un mandato di cinque anni «in un incarico di alto livello nella Curia». Ciò riaffermerebbe il «carattere sacro del ministero papale» e il ruolo di Roma come centro della cristianità.

Ma per la dottrina cattolica il conclave non è solamente un'assemblea elettorale sottoposta a regole molto strette. L'elezione

[6] Walter Brandmüller, «L'élection du pape dans la tension entre centre et périphérie. Une proposition», pubblicato sul sito Settimo Cielo il 22 ottobre 2021.

del papa, secondo la definizione data da Giovanni Paolo II nella costituzione apostolica *Universi Dominici Gregis* (1996), è un «atto sacro» in cui le «azioni liturgiche» si coniugano con le «formalità giuridiche» e in cui ogni elettore deve disporre il proprio spirito «ad accogliere i moti interiori dello Spirito Santo». In quest'ottica i risultati di un conclave sono spesso in contrasto con i pronostici, le manovre e i calcoli umani.

BIBLIOGRAFIA

Bibliografia generale sul papato

Ardura Bernard (sotto la direzione di), *Dictionnaire d'histoire de l'Église*, Cerf, Paris 2022.

Aubrun Michel (a cura di), *Le Livre des papes. Liber Pontificalis (492-891)*, Brepols, Turnhout 2007.

Cappelletti Vincenzo (a cura di), *Enciclopedia dei Papi*, Istituto della Enciclopedia Italiana, Roma 2000, 3 voll.

Del Re Niccolò (a cura di), *Mondo Vaticano. Passato e presente*, Libreria Editrice Vaticana, Città del Vaticano 1995.

Dickès Christophe (sotto la direzione di), *Dictionnaire du Vatican et du Saint-Siège*, Robert Laffont, Paris 2013.

Laboa Juan Maria, *La Storia dei Papi. Tra il Regno di Dio e le passioni terrene*, Jaca Book, Milano 2007.

Levillain Philippe (sotto la direzione di), *Dictionnaire historique de la papauté*, Fayard, Paris 2003.

Mondin Battista, *Nuovo Dizionario enciclopedico dei Papi. Storia e insegnamenti*, Città Nuova Editrice, Roma 1995.

Moroni Gaetano, *Dizionario di erudizione storico-ecclesiastica da S. Pietro ai nostri giorni,* Tipografia Emiliana, Venezia 1840-1861, 103 voll.

Pastor Ludwig von, *Storia dei papi dalla fine del Medio Evo*, Desclée, Roma 1943.

Reinhard Wolfgang, *Papauté, confessions, modernité*, EHESS, Paris 1998.

Ryan Christopher (a cura di), *The Religious Roles of the Papacy: Ideals and Realities, 1150-1300*, Pontifical Institute of Medieval Studies, Toronto 1989.

Tanase Thomas, *Histoire de la papauté en Occident*, Gallimard, Paris 2019.

Bibliografia generale sui conclavi

Adams John Paul, *Notes on Papal Elections and Conclaves from the 11th to the 21st Centuries,* https://www.csun.edu/~hcfll004/conclave-list.html.

Andretta Elisa, «Les médecins du conclave. L'élection pontificale entre médecine et politique au début de l'époque moderne», *Chrétiens et sociétés. XVIe-XXIe siècles*, n. 19, 2012, pp. 17-38.

Buranelli Francesco (a cura di), *Habemus Papam. Le elezione pontificie da San Pietro a Benedetto XVI*, De Luca Editori d'Arte, Roma 2006.

Chiron Yves, *Histoire des conclaves*, Perrin, Paris 2013.

Grigis Ivan, *Il Conclave. La Costituzione Apostolica Universi Dominici Gregis*, Pontificia Università Lateranense, Roma 2004.

Lector Lucius [Monsignor Joseph Guthlin], *Le Conclave. Origines, histoire, organisation, législation ancienne*, P. Lethielleux, Paris 1894.

–, *Le Conclave et le «veto» des gouvernements*, E. Vitte, Lyon 1894.

Mackenzie Andrew, «An Axiomatic Analysis of the Papal Conclave», *Economic Theory*, vol. 69, n. 3, 2000, pp. 713-743.

Melloni Alberto, *Il conclave: storia di una istituzione*, Il Mulino, Bologna 2001.

Paravicini Bagliani Agostino, *Il corpo del papa*, Einaudi, Torino 1994.

–, *Morte e elezione del papa. Norme, riti e conflitti*, Viella, Roma 2013.

Paravicini Bagliani Agostino e Visceglia Maria Antonietta, *Il Conclave. Continuità e mutamenti dal Medioevo a oggi*, Viella, Roma 2018.

Piazzoni Ambrogio M., *Storia delle elezioni pontificie*, Edizioni Piemme, Casale Monferrato 2003.

Ufficio delle Celebrazioni liturgiche del Sommo Pontefice, *Sede apostolica vacante. Storia - Legislazione - Riti - Luoghi e Cose*, Libreria Editrice Vaticana, Città del Vaticano 2005.

Archivi e studi specifici sui diversi conclavi

Conclave del 1268-1271 (Gregorio X)

Fischer Andreas, *Kardinale im Konklave. Die lange Sedisvakanz der Jahre 1268 bis 1271*, Max Niemeyer Verlag, Tübingen 2008.

Franchi Antonino, «Analisi storiografica del ruolo di Bonaventura al Conclave di Viterbo», *Doctor Seraphicus*, n. 18, 1981, pp. 65-77.

–, *Il Conclave di Viterbo (1268-1271) e le sue origini. Saggio con documenti inediti*, Edizioni Porziuncola, Assisi 1993.

Kamp Norbert, «Una fonte poco nota sul Conclave del 1269-1271: i protocolli del notaio Basso, della Camera apostolica», in *VII centenario del 1° conclave (1268-1271). Atti del convegno*, Viterbo 1975, pp. 63-68.

Porcher Jean, «Lettres émanant de la cour pontificale à l'époque du conclave de Viterbe (1270-1272)», *Mélanges d'archéologie et d'histoire*, t. 40, 1923, pp. 123-134.

Conclave del 1378 (Urbano VI)

Baluze Étienne, *Vitae Paparum Avenionensium*, Letouzey, Paris 1914-1927, t. I, pp. 541-547 e t. II, pp. 822-836.

Dykmans Mark, «La troisième élection du pape Urbain VI», *Archivum Historiae Pontificiae*, 15, 1977, pp. 217-264.

–, «La conscience de Clément VII», in *Genèse et débits du Grand Schisme d'Occident (1362-1394)*, colloque international d'Avignon (25-28 septembre 1978), Éditions du CNRS, Paris 1980, pp. 599-605.

Millet Hélène, *L'Église du Grand Schisme (1378-1417)*, Éditions Picard, Paris 2009.

– (sotto la direzione di), *Le Concile de Perpignan (15 nov. 1408 - 26 mars 1409)*, Études roussillonnaises/Éditions Trabucaire, Mercuès 2009.

–, *Le Concile de Pise. Qui travaillait à l'union de l'Église d'Occident en 1409?*, Brepols, Turnhout 2011.

–, «La condamnation de deux papes fauteurs du Schisme: un drame conciliaire (Pisa, 1409)», in Guillaume Cuchet e Charles Mériaux (sotto la direzione di), *La Dramatique conciliaire de l'Antiquité à Vatican II*, Presses universitaires du Septentrion, Villeneuve-d'Ascq 2019, pp. 181-201.

Přerovský Olderico, *L'elezione di Urbano VI e l'insorgere dello Scisma d'Occidente*, Società Romana di Storia Patria, Roma 1960.

Rollo-Koster Joëlle, «Looting the Empty See: the Great Western Schism Revisited (1378)», *Rivista di Storia della Chiesa in Italia*, 2005, pp. 429-474.

–, «Civil Violence and the Initiation of the Schism», in Rollo-Koster Joëlle e Izbiki Thomas M. (a cura di), *A Companion to the Great Western Schism (1378-1417)*, Brill, Leiden-Boston 2009, pp. 9-65.

Valois Noël, «L'élection d'Urbain VI et les origines du Grand Schisme», *Revue des questions historiques*, n. 48, 1890, pp. 353-420.

–, *La France et le Grand Schisme d'Occident*, Picard, Paris 1896-1902, 4 vol.

Conclave del 1415 (Martino V)

Dykmans Mark, «L'Agapito Colonna, père du pape Martin», *Revue d'histoire ecclésiastique*, t. LXXI, 1976, pp. 418-427.

Glorieux Palémon, *Le Concile de Constance au jour le jour*, Desclée, Tournai 1964.

Harvey Margaret, «Martin V and Henry V», *Archivum Historiae Pontificae*, 24, 1986, pp. 49-70.

Mundy John H. e Woody Kennedy M., *The Council of Constance. The Unification of the Church*, Columbia University Press, New York 1961.

Pichot Philippe, «La déposition de Jean XXIII et de Benoît XIII par le concile de Constance, 1415-1417», in Cyrille Dounot, Nicolas Warembourg e Boris Bernabé (sotto la direzione di), *La Déposition du pape hérétique. Lieux théologiques, modèles canoniques, enjeux constitutionnels*, Éditions Mare & Martin/Presses universitaires de Sceaux, Paris 2019, pp. 79-90.

Vallery-Radot Sophie, *Les Français au concile de Constance (1414-1418). Entre résolution du schisme et construction d'une identité nationale*, Brepols, Turnhout 2016.

–, «La dramatique conciliaire à Constance (1414-1418). La fuite de Jean XXIII du concile», in Guillaume Cuchet e Charles Mériaux (sotto la direzione di), *La Dramatique conciliaire de l'Antiquité à Vatican II*, Presses universitaires du Septentrion, Villeneuve-d'Ascq 2019, pp. 203-217.

Conclave del 1492 (Alessandro VI)

Batllori Miguel, «Alejandro VI», *Diccionario de historia eclesiástica de España*, t. I, 1972, pp. 36-39.

Burckard Johannes, *Dans le secret des Borgia. 1492-1503*, Castiglione Minischetti Vito e Cloulas Ivan (a cura di), Tallandier, Paris 2003.

Carrasco Raphaël, *La Famille Borgia. Histoire et légende*, Presses universitaires de la Méditerranée, Montpellier 2013.

Celier Léonce, «Alexandre VI et ses enfants», *Mélanges d'archéologie et d'histoire*, XXVI, 1906, pp. 319-334.

Diccionario de historia eclesiástica de España, Aldea Vaquero Quintín, Marín Martínez Tomás, Vives Gatell José (sotto la direzione di), t. I, Instituto Enrique Flórez, Madrid 1972, pp. 36-39 e 274-276.

Dykmans Mark, «Le conclave sans simonie ou la bulle de Jules II sur l'élection papale», in *Miscellanea Bibliothecae Apostolicae Vaticanae*, t. III, Bibliotheca Apostolica Vaticana, Città del Vaticano 1989, pp. 203-255.

Heers Jacques, *La Cour pontificale au temps des Borgia et des Médicis. 1420-1520*, Hachette, Paris 1986.

Hurtaud Jourdain, «Lettres de Savonarole aux princes chrétiens et pour la réunion d'un concile», *Revue thomiste*, VII anno, n. 44, gennaio 1900, pp. 631-674.

Journet Charles, «Alexandre VI et Savonarole», *Nova et Vetera*, XXVII, n. 2, 1952, pp. 127-138.

La Torre Ferdinando, *Del Conclave di Alessandro VI Papa Borgia*, Leo S. Olschki, Roma 1933.

Picotti Giovanni Battista, «Nuovi studi e documenti intorno al Papa Alessandro VI», *Rivista di storia della Chiesa in Italia*, V, n. 2, maggio-agosto 1951, pp. 169-262.

–, «Ancora sul Borgia», *Rivista di storia della Chiesa in Italia*, VIII, 1954, pp. 313-355.

Soranzo, Giovanni, «Il presunto scandalo di Giulia Farnese e Alessandro VI», in *Studi intorno a Papa Alessandro VI (Borgia)*, Società Editrice «Vita e pensiero», Milano 1950, pp. 92-129.

–, *Studi intorno a Papa Alessandro VI (Borgia)*, Vita e pensiero Editrice, Milano 1950.

–, *Il tempo di Alessandro VI Papa e di fra Girolamo Savonarola*, Vita e pensiero Editrice, Milano 1960.

Terreaux-Scotto Cécile, «La désobéissance de Savonarole au pape Alexandre VI: une contestation religieuse pour un projet politique», in Morini Agnès (sotto la direzione di), *Papes et papauté. Respect et contestation d'une autorité bifrons*, Publications de l'université de Saint-Étienne, 2013 [online].

Weber Christoph, *Genealogien zur Papstgeschichte*, Anton Hiersemann, Stuttgart 2001, vol. 3, p. 79.

Conclave del 1549-1550 (Giulio III)

Archivi

Mémoire du cardinal de Guise, s.d., Bibliothèque nationale de France, Département des Manuscrits, Fr. 3126, ff. 11-18.

Conclave del anno 1549 nel quale fu creato Sommo Pontefice il card. di Monti, detto Giulio III, Bibliothèque Mazarine, Ms. 1655, ff. 1-24.

Fonti a stampa

Baumgartner Frederic J., «Henry II and the Papal Conclave of 1549», *The Sixteenth Century Journal*, vol. 16, n. 3, 1985, pp. 301-314.

Brown Rawdon (a cura di), *Calendar and State Papers and Manuscripts Existing in the Archives and Collections of Venice*, vol. 5, 1534-1554, Longman & Co, London 1873, pp. 273-335.

Canestrini Giuseppe (a cura di), *Legazioni di Averardo Serristori, ambasciatore di Cosimo I a Carlo quinto in corte di Roma (1537-1568)*, Felice Le Monnier, Firenze 1853, pp. 207-229.

Constant Gustave, «Une rivalité franco-allemande en conclave. L'élection de Jules III», *La Revue hebdomadaire*, 18 febbraio 1922, pp. 333-343.

Dandolo Matteo, *Relazione di Roma (1551)*, pubblicata in *Relazioni degli ambasciatori Veneti al Senato*, Eugenio Alberi (a cura di), Società Editrice Fiorentina, Firenze, serie II, vol. 3, 1846, pp. 333-363.

Druffel Auguste von, *Beiträge zur Reichsgeschichte, 1546-1551*, Rieger, Munich 1873, pp. 304-359.

Mayer Thomas F., «The War of Two Saints, the Conclave of Jules III and Cardinal Pole», in *Cardinal Pole in European Context*, Ashgate Variorum, Aldershot 2000, pp. 1-21.

Mayer Thomas F. e Starenko Peter A., «An Unknown Diary of Julius III's Conclave by Bartolomeo Stella, a Servant of Cardinal Pole», in *Cardinal Pole in European Context*, Ashgate Variorum, Aldershot 2000, pp. 345-375.

Ribier Guillaume (a cura di), *Lettres et mémoires d'Estat des Roys, Princes, Ambassadeurs et autres Ministres, sous les règnes de François Ier, Henri II et François II*, t. II, Paris 1666, pp. 252-264.

Tallon Alain, «Le "parti français" lors des conclaves de 1549-1550 et de 1555», in Barbiche Bernard, Poussou Jean-Pierre e Tallon Alain (sotto la direzione di), *Pouvoirs, contestations et comportements dans l'Europe moderne*, Presses de l'université Paris-Sorbonne, Paris 2005, pp. 101-122.

Villard, Renaud, «Le conclave des parieurs. Paris, opinion publique et continuité du pouvoir pontifical à Rome au XVIe siècle», *Annales HSS*, marzo-aprile 2009, n. 2, pp. 375-403.

Conclave del 1799-1800 (Pio VII)

Baldan Sergio, *Il conclave di Venezia*, Marsilio, Venezia 2000.

Boulay de la Meurthe Alfred, «Mémoire d'Artaud sur le conclave de Venise», *Revue d'histoire diplomatique*, VIII, n. 1, 1894, pp. 427-448.

Cipolletta Eugenio, *Memorie politiche sui conclavi da Pio VII a Pio IX*, Legros e Marazzani Editore, Milano 1863, pp. 7-73.

Consalvi Ercole, *Mémoires du cardinal Consalvi*, Jacques Crétineau-Joly (a cura di), Plon, Paris 1864, 2 voll.

–, *Memorie del cardinale Ercole Consalvi*, Mario Nasalli Rocca di Corneliano (a cura di), Angelo Signorelli, Roma 1950.

Leflon Jean, «Le rôle de l'Espagne au conclave de Venise (1799-1800)», *Rassegna storica del Risorgimento*, a. XLIV, fasc. IV, ottobre-dicembre 1957, pp. 742-748.

–, *Pie VII*, Plon, Paris 1958, t. I, pp. 532-606.

Lumbroso Alberto, *Ricordi e Documenti sul conclave di Venezia (1800)*, Fratelli Bocca Editori, Roma 1903.

Marguerettaz Davy, «Il conclave di Venezia e l'elezione di Pio VII», *Benedictina*, vol. 64, fasc. 2, luglio-dicembre 2017, pp. 255-293.

Mater André, *La République au conclave et l'alliance avec Rome en régime de séparation. Le conclave de Venise, 1794-1799-1800*, Presses universitaires de France, Paris 1923.

Maury Jean-Sifrein, *Correspondance diplomatique et mémoires inédits du cardinal Maury*, Desclée De Brouwer, Lille 1891, 2 voll.

Nanni Stefania, «Il conclave dell'esilio», in Giovanni Spinelli (a cura di), *Pio VII papa benedettino nel bicentenario della sua elezione*, Centro Storico Benedettino Italiano, Cesena 2003, pp. 99-121.

Pasztor Lajos, «Ercole Consalvi, prosegretario del conclave di Venezia», in *Archivio della Società Romana di Storia Patria*, vol. 83, 1960, pp. 99-187.

–, «Le "Memorie sul conclave tenuto in Venezia" di Ercole Consalvi», in *Archivum Historiae Pontificiae*, 3, 1965, pp. 239-308.

Seguí Gabriel, «El cardenal Despuig y la Santa Sede», *Analecta sacra Tarraconensia*, vol. 16, 1943, pp. 201-222.

Ticchi Jean-Marc, *Pie VII. Le pape vainqueur de Napoléon*, Perrin, Paris 2022.

Van Duerm Charles, *Un peu plus de lumière sur le conclave de Venise et sur les commencements du pontificat de Pie VII (1799-1800). Documents inédits extraits des archives de Venise*, Lecoffre, Paris 1896.

Vian Giovanni, «La Chiesa veneziana nei mesi del Conclave», *Studi Veneziani*, n. 43, 2002, pp. 299-308.

Conclave del 1830-1831 (Gregorio XVI)

ARCHIVI

Centre des Archives diplomatiques (Nantes), *Ambassade extraordinaire de M. le marquis de Latour-Maubourg auprès du conclave du 25 décembre 1830 au 15 février 1831*, 49 pagine manoscritte, Roma/Santa Sede, 588.

FONTI A STAMPA

Boyer d'Agen Auguste-Jean, *La Jeunesse de Léon XIII, d'après la correspondance de famille*, A. Mame & Fils, Tours 1896.

Cacciamani Giuseppe M., *Storia del conclave di Papa Gregorio XVI (15 dicembre 1830-2 febbraio 1831)*, Edizioni Camaldoli, 1960.

Cipolletta Eugenio, *Memorie politiche sui conclavi da Pio VII a Pio IX*, Legros e Marazzani Editore, Milano 1863, pp. 180-215.

Dardano Pietro, «Diario dei conclavi del 1829 e del 1830-1831», curato e annotato da D. Silvagni, in *Rivista Europea*, vol. 13, 16 giugno 1879, pp. 605-648, vol. 14, 1° luglio 1879, pp. 5-29 e 16 luglio 1979, pp. 249-271.

Korten Christopher, «The Conclave of 1830: How Mauro Cappellari Was Elected and Other Reflections», in Ugolini Romano (a cura di), *Gregorio XVI tra oscurantismo e innovazione*, F. Serra, Pisa 2012, pp. 9-31.

March José Maria, «La exclusiva dada por España contra el cardenal Giustiniani en el conclave de 1830-31 segun los despachos diplomaticos», *Razón y fe*, n. 420, gennaio 1932, pp. 50-64; n. 422, marzo 1932, pp. 337-348 e n. 424, maggio 1932, pp. 43-61.

Conclave del 1903 (Pio X)

ARCHIVI

Centre des Archives diplomatiques (La Courneuve), Correspondance politique, Roma/Santa-Sede, NS 3 e 4.

Centre des Archives diplomatiques (Nantes), Roma/Santa-Sede, 588.

Fonti a stampa

Albin de Cigala Célestin, *Vie intime de Sa Sainteté le pape Pie X*, Lethielleux, Paris 1926, pp. 94-134.

Blet Pierre, «La diplomatie française et l'élection de Pie X», in Schambeck Herbert (a cura di), *Pro Fide et Iustitia. Festschrift für Agostino Kardinal Casaroli zum 70. Geburstag*, Duncker & Humblot, Berlin 1984, pp. 549-562.

Bülow Bernard von, *Mémoires du chancelier Prince de Bülow*, Plon, Paris 1930, t. II, pp. 26-30.

Cattaneo Enrico, «Il diario per il conclave di Pio X scritto dal card. Ferrari», *Ricerche storiche sulla Chiesa ambrosiana*, 14, 1985, pp. 91-122.

Chanut Christian-Philippe, *L'Élection de saint Pie X*, Sicre Éditions, Paris 2003.

Engel-Janosi Friedrich, «L'Autriche au conclave de 1903», *Revue belge de philologie et d'histoire*, t. 29, fasc. 4, 1951, pp. 1119-1141.

Jamin Jürgen, «*Civile veto sive exclusivam omnino reprobamus.* La costituzione *Commissum Nobis* di Pio X alla vigilia della prima codificazione», *Ius ecclesiae*, t. XXIX, n. 3, 2017, pp. 591-610.

Lacointa Félix, «Le F... Rampolla», *Le Bloc antirévolutionnaire*, n. 221, gennaio-febbraio 1929, pp. 128-138.

Landrieux Maurice, «Le conclave de 1903. Journal d'un conclaviste», *Études*, novembre 1958, pp. 157-185.

Mathieu François-Désiré, «Les derniers jours de Léon XIII et le conclave de 1903», *Revue des Deux Mondes*, 15 marzo 1904, pp. 241-285.

Merry del Val Rafael, *Pie X. Impressions et souvenirs*, Éditions de l'Œuvre de Saint-Augustin, Saint-Maurice 1951, pp. 17-21.

Perraud Adolphe, «Journal du conclave de 1903», *Oratoriana*, n. 12, maggio 1966, pp. 57-68.

Trincia Luciano, *Conclave e potere politico. Il veto a Rampolla nel sistema delle potenze europee (1887-1904)*, Edizioni Studium, Roma 2004.

Conclave del 1939 (Pio XII)

ARCHIVI

Public Record Office (London), *Leading Personalities at the Holy See*, FO 371/22441 (1938) e FO 371/23827 (1939).

Centre des Archives diplomatiques (Nantes), Roma/Santa-Sede, 1031.

FONTI A STAMPA

Alvarez David e Graham Robert A., *Papauté et espionnage nazi. 1939-1945*, Beauchesne, Paris 1999.

Baudrillart Alfred, *Les Carnets du cardinal Alfred Baudrillart (1935-1939)*, Cerf, Paris 1996.

Charles-Roux François, *Huit ans au Vatican, 1932-1940*, Flammarion, Paris 1947.

Chenaux Philippe, *Pie XII. Diplomate et pasteur*, Cerf, Paris 2003.

Coco Giovanni, «Un invitato "molto speciale". Spionaggio fascista e diplomazia italiana nel conclave del 1939», *Revue d'histoire ecclésiastique*, vol. 113, gennaio-giugno 2018, pp. 273-318.

Fouilloux Étienne, *Eugène cardinal Tisserant*, Desclée de Brouwer, Paris 2011.

Le Moal Frédéric, *Pie XII. Un pape pour la France. Enquête sur le conclave de 1939*, Cerf, Paris 2019.

Tardini Domenico, *Pie XII*, Fleurus, Paris 1961.

Conclave del 2013 (Francesco)

Allen John L., *The Rise of Benedict XVI*, Doubleday, New York 2005.

Boni Geraldina, «Sull'elezione di Papa Francesco », *Archivio Giuridico*, n. 1, 2015, pp. 179-191.

Brunelli Lucio, «Così eleggemmo papa Ratzinger», *Limes*, n. 4, settembre 2005, pp. 291-300.

Diat Nicolas, *L'Homme qui ne voulait pas être pape. Histoire secrète d'un règne*, Albin Michel, Paris 2014.

Ivereigh Austen, *François le réformateur. De Buenos Aires à Rome*, Éditions de l'Emmanuel, Paris 2017.

Marchese Ragona Fabio, *Tutti gli uomini di Francesco*, Edizioni San Paolo, Milano 2018.

Melloni Alberto, *Il conclave e Papa Francesco*, Istituto della Enciclopedia italiana, Roma 2014.

Murphy-O'Connor Cormac, *An English Spring. Memoirs*, Bloomsbury, London 2015.

O'Connell Gerard, *The Election of Pope Francis*, Orbis Books, New York 2019.

Politi Marco, *Joseph Ratzinger. Crisi di un papato*, Laterza, Bari 2011.

Regoli Roberto, *Oltre la crisi della Chiesa. Il Pontificato di Benedetto XVI*, Lindau, Torino 2016.

Scola Angelo, *Ho scommesso sulla libertà*, Solferino, Milano 2018.

Socci Antonio, *Non è Francesco. La Chiesa nella grande tempesta*, Mondadori, Milano 2014.

Weigel George, *Benoît XVI. Le choix de la vérité*, Mame-Edifa-Magnificat, Paris 2005.

Zizola Giancarlo, «L'elezione di Papa Ratzinger», *Il Mulino*, n. 3, maggio-giugno 2005, pp. 502-515.

INDICE DEI NOMI

C

D

E

U

V

W

Z

Titoli in collana

STORIA E STORIE

Jason R. Abdale
La strage di Teutoburgo. 9 d.C. La più grave sconfitta romana della storia

Richard Bassett
La spia delle spie. Wilhelm Canaris e il complotto per assassinare Hitler

Alain Blondy
Pirati, corsari e filibustieri. Tanti codici, un solo onore

Enrico Cernigoi
I servizi segreti del Terzo Reich. La storia inedita dell'SD, la rete di spie di Hitler

Enrico Cernigoi
Le SS in Italia. Una lunga scia di sangue e violenza

Jonathan Clements
Samurai, shōgun e kamikaze. La grande storia dell'impero del Sol Levante

Stephen Dando-Collins
L'assassinio di Germanico. Trame e misteri alla corte dei Cesari

Stephen Dando-Collins
La legione di Cesare. Le imprese e la storia della decima legione dell'esercito romano

Richard Dargie, Julian Flanders
Nazisti in fuga. Chi sono, dove si sono nascosti, come sono sfuggiti alla giustizia

Michael Fitzgerald
Il tesoro occulto dei nazisti e altri misteri irrisolti della Seconda guerra mondiale

Titoli in collana

STORIA E STORIE

Bruno Halioua
I medici di Auschwitz. Viaggio oltre le porte dell'inferno

Johnathan Kingsbury
Condottieri. I guerrieri che hanno fatto la storia

Bernard Lecomte
KGB. La vera storia dei servizi segreti sovietici

Joshua Levine
Somme. Voci dall'inferno

a cura di **Jean Lopez e Olivier Wieviorka**
I grandi errori della Seconda guerra mondiale

a cura di **Jean Lopez**
La Wehrmacht. Oltre il mito: la vera storia dell'esercito di Hitler

Alexander Macdonald
I complotti della Seconda guerra mondiale

Callum MacDonald
Operazione Anthropoid. L'attentato a Reinhard Heydrich, il "boia di Praga"

John Man
Saladino
Il condottiero che sconfisse i crociati

John Man
Sulla Via della seta. Marco Polo e l'incontro tra due mondi

Dan Pedersen
Topgun. La vera storia di una leggenda

Titoli in collana

STORIA E STORIE

Julien Peltier
La vera storia dei samurai.
I guerrieri giapponesi tra luci e ombre

Jean Renaud
I Vichinghi. Guerrieri, esploratori, predoni:
la grande storia degli uomini del Nord

Lionel Richard
Goebbels. Ritratto di un manipolatore

Paul Roland
Hitler e i suoi fedelissimi. Vita e personalità
degli artefici del Terzo Reich

Jean-Marie Rouart
Napoleone. L'uomo del destino

Silvia Stucchi
Caligola. Amato, odiato, tradito: la storia
mai raccontata del terzo imperatore

Silvia Stucchi
Nerone. Verità e vita dell'imperatore
più calunniato della storia

Joyce Tyldesley
Tutankhamon. Oltre la maledizione. La scoperta
che ha cambiato la storia

Mariangela Galatea Vaglio
Cesare. L'uomo che ha reso grande Roma

Mariangela Galatea Vaglio
I lupi di Roma. Antonio contro Ottaviano

Robin Waterfield
La ritirata di Senofonte. Lo scontro tra Greci
e Persiani al tramonto dell'età classica